Norbert Hoerster

Wie schutzwürdig ist der Embryo?

Norbert Hoerster

# Wie schutzwürdig ist der Embryo?

## Zu Abtreibung, PID und Embryonenforschung

Neuausgabe 2013

VELBRÜCK
WISSENSCHAFT

Durchgesehene Neuausgabe des 2002
in der Reclam Universalbibliothek erschienenen Bandes
*Ethik des Embryonenschutzes. Ein rechtsphilosophischer Essay.*

Der Titel wurde geändert, um der Aktualität der Thematik
deutlicher und konkreter Ausdruck zu geben.

Zweite Auflage 2020

www.velbrueck-wissenschaft.de
Printed in Germany
ISBN 978-3-942393-62-1

*Bibliografische Information der Deutschen Nationalbibliothek*
Die Deutsche Nationalbibliothek verzeichnet diese Publikation in der
Deutschen Nationalbibliografie; detaillierte bibliografische Daten
sind im Internet über http://dnb.ddb.de abrufbar.

Dieses Buch ist im Verlag Humanities Online
(www.humanities-online.de) als E-Book erhältlich.

# Inhalt

# Einleitung

Das menschliche Individuum muss von der Gesellschaft geschützt werden durch ein rechtliches Verbot des Tötens. Über diese Forderung scheinen sich auf den ersten Blick alle vernünftigen Menschen einig zu sein.

Natürlich muss es verboten sein, zum Zweck eines Bankraubs einen Mord zu begehen. Natürlich muss jemand bestraft werden, der einen anderen Menschen umbringt, weil dieser eine andere Hautfarbe hat. Natürlich darf eine Frau nicht ihr dreijähriges Kind töten, weil es ihr bei der Aufnahme einer neuen Liebesbeziehung im Weg steht. Natürlich darf der Leiter eines Altenheims pflegebedürftige Bewohner nicht aus Kostengründen verhungern lassen.

In diesen und vielen anderen, ähnlichen Fällen sind sich in unserer Gesellschaft tatsächlich alle vernünftigen Menschen einig. Es gibt aber offenbar auch Fälle, die den Lebensschutz betreffen, in denen keine solche Einigkeit besteht. Hierbei handelt es sich besonders um solche Fälle, die den Lebensschutz am Lebensbeginn betreffen.

Darf eine Frau ihre Leibesfrucht abtreiben? Muss der Arzt, der eine Abtreibung vornimmt, dafür bestraft werden? Kommt es dabei vielleicht entscheidend auf das Alter der Leibesfrucht an? Macht es einen Unterschied, ob die Leibesfrucht einen Schaden aufweist und sich deshalb zu einem Kind mit einer Behinderung entwickeln wird? Muss es verboten sein, die Übertragung eines künstlich erzeugten Embryos in die Gebärmutter der Frau davon abhängig zu machen, ob er den Gesundheitstest einer vorausgehenden Präimplantationsdiagnostik (PID) erfolgreich bestanden hat? Darf die Wissenschaft Embryonen zum Zweck therapeutischer Forschung erzeugen und anschließend vernichten?

Dies sind einige der den Lebensschutz betreffenden Fragen, die derzeit in unserer Gesellschaft zwar auf die eine oder andere Weise rechtlich geregelt, politisch wie auch ethisch aber außerordentlich umstritten sind. Dabei richtet sich der Streit in erster Linie gerade darauf, welche Strafrechtsnormen der Staat zur allgemein verbindlichen Regelung derartiger Fragen legitimerweise erlassen darf. Einigen Bürgern gehen die derzeit geltenden Gesetze mit ihren Verboten zu weit, anderen gehen sie nicht weit genug.

Genau die Frage, welche Strafrechtsnormen der Staat zum Schutz des ungeborenen Lebens erlassen soll bzw. darf, ist Thema dieses ethischen Essays. Meine Vorgehensweise wird dabei von den beiden folgenden Überzeugungen geleitet sein.

1. Eine Antwort auf die verschiedenen ethischen Probleme des Lebensschutzes kann nur dann befriedigen, wenn sie in sich stimmig ist. Das bedeutet: Die Begründungen für die jeweiligen Problemlösungen dürfen einander nicht widersprechen. Wer zum Beispiel behauptet, die Embryonenforschung sei deshalb zu verbieten, weil Embryonen als menschliche Individuen Schutz verdienten, darf nicht gleichzeitig in der Abtreibungsfrage eine Antwort vertreten, die mit dieser Schutzwürdigkeit von Embryonen unvereinbar ist. Wie wir im Einzelnen sehen werden, wird gerade gegen diese für jedes rationale Denken unverzichtbare Forderung nach Stimmigkeit in ethischen Meinungsbildungen zum Lebensschutz häufig eklatant verstoßen.

2. Wir müssen die rechtsethische Diskussion um den Lebensschutz in seinen umstrittenen Aspekten so grundlegend wie möglich führen und dürfen uns nicht einfach auf unsere spontanen Intuitionen verlassen. Daraus folgt, dass wir unsere Untersuchung mit einer ganz allgemeinen Fragestellung beginnen müssen: Auf welcher ethischen Grundlage beruht der Lebensschutz? Warum soll menschliches Leben überhaupt, also auch in seinem in der Praxis unstreitigen Kernbereich, geschützt werden? Erst die Antwort auf diese Fragen kann uns ein verlässliches Kriterium für die Lösung der umstrittenen Fragen des Lebensschutzes am Beginn des Lebens an die Hand geben.

Die fundamentale Frage, aus welchem Grund das menschliche Individuum denn überhaupt rechtlich zu schützen ist, ist daher alles andere als, wie manchmal unterstellt wird, Ausdruck moralischer Frivolität, die etwa gar der Aushöhlung des Lebensschutzes gewisser Individuen oder Minderheiten in der Praxis dient. Die ausdrückliche Thematisierung und Beantwortung dieser Frage ist vielmehr die philosophisch-ethisch unverzichtbare Voraussetzung dafür, dass die Antworten auf die Frage nach dem Lebensschutz auch dort, wo er umstritten ist, nicht unbegründet in der Luft hängen.

Ein letzter wichtiger Punkt. In einer freiheitlichen Gesellschaftsordnung wie der unseren gilt das Prinzip »In dubio pro libertate« (Im Zweifel für die Freiheit). Das bedeutet, dass sich staatliche Verbote, insbesondere solche des Strafrechts, nicht von selbst verstehen. Nicht wer gegen, sondern wer für das staatliche Verbot einer bestimmten Handlung plädiert, muss in der Lage sein, hierfür intersubjektiv überzeugende Gründe anzuführen. Dies gilt nicht nur für moralisch fragwürdige Verhaltensweisen etwa auf dem Gebiet der Sexualität – was heute kaum jemand mehr in unserer Gesellschaft bestreiten würde. Es gilt ebenso für die hier zur Debatte stehenden Umgangsweisen mit dem Leben. Dadurch dass der Staat auf ein Verbot verzichtet, wird ja noch niemand zu einer Handlung gezwungen, die er selbst moralisch ablehnt.

Mit Rücksicht auf den essayistischen Charakter dieser Schrift habe ich auf erläuternde Anmerkungen weitgehend verzichtet. Auch für Thesen und Argumente, die in der öffentlichen Meinung derzeit gang und gäbe sind, erscheint mir ein Nachweis überflüssig.

# I
# Das Prinzip der Menschenwürde

»Die Würde des Menschen ist unantastbar.« Kein anderes ethisches Prinzip wird in der gegenwärtigen Diskussion um den Schutz menschlichen Lebens so häufig und beharrlich herangezogen wie dieses, wenn es darum geht, bestimmte Praktiken des Umgangs mit menschlichen Embryonen für verbotswürdig zu erklären. Denn eine Antastung oder Verletzung der Menschenwürde lässt sich nach allgemein geteilter Meinung unter keiner Bedingung rechtfertigen: Das Prinzip der Unantastbarkeit der Menschenwürde gilt, so heißt es, absolut und ohne jede Ausnahme; es gehört nicht zu den bloß *prima facie* geltenden Prinzipien.

In der Tat besitzt dieses Menschenwürdeprinzip für unsere Gesellschaft eine besondere Bedeutung. »Die Würde des Menschen ist unantastbar« lautet auch der erste Satz in Artikel 1 unserer Verfassung. Der rechtliche Rang dieses Prinzips wird weiter unterstrichen durch den folgenden Satz: »Sie zu achten und zu schützen ist Verpflichtung aller staatlichen Gewalt.« Da der Staat also verpflichtet ist, die Menschenwürde zu schützen, ist es gewiss nicht abwegig, wenn er ein Verhalten, das die Menschenwürde verletzt, unter Strafe stellt. Tatsächlich scheint es kein stärkeres Argument für die Verbotswürdigkeit eines bestimmten Verhaltens zu geben, als dass dieses Verhalten die Menschenwürde verletzt.

Worin aber besteht die Menschenwürde? Durch welche Handlungen wird sie verletzt? Und wer zählt als Mensch, also als ein Wesen, dessen Würde als Menschenwürde auf dem Spiel steht und insofern verletzt werden kann? Insbesondere: Kommt dem menschlichen Individuum von seinem natürlichen Beginn bis zu seinem natürlichen Ende die Menschenwürde zu?

Ohne Zweifel besitzt ein normaler, erwachsener Mensch – gleichgültig welcher Nationalität, welcher Hautfarbe oder welchen Geschlechts – die Menschenwürde. Was macht diese Menschenwürde im Einzelnen aus? Das hängt offenbar davon ab, was wir unter dem Begriff der Menschenwürde zu verstehen haben. Welche Bedeutung besitzt in unserer Sprache die Redeweise von der »Würde«, die ein Mensch besitzt? Wie können wir die »Menschenwürde« bzw. ihre Antastung oder Verletzung angemessen definieren?

Es ist sehr schwierig, diese Frage intersubjektiv verbindlich zu beantworten und damit ein verlässliches Kriterium dafür, wann im Einzelnen eine Verletzung der Menschenwürde vorliegt, zu formulieren. Nicht wenige Versuche einer Definition (wie etwa die Verknüpfung der Menschenwürde mit der Fähigkeit zur »Selbstachtung«) tragen von vornherein den Stempel der Beliebigkeit. Im Grunde ist es einfach, gewisse Beispiele von Handlungen zu nennen, die offensichtlich mit der Menschenwürde unvereinbar sind. Man denke etwa an Folter, an rassistische Verfolgung, an tödliche medizinische Versuche. Aber dadurch, dass wir Beispiele anführen, die unter einen Begriff fallen, haben wir diesen Begriff ja noch nicht definiert.

Die in der ethischen wie in der verfassungsrechtlichen Diskussion am meisten verbreitete und gleichzeitig am wenigsten beliebige Definition von »Menschenwürde« geht auf Immanuel Kant zurück. Nach Kant besteht die Würde des Menschen in seiner sittlichen Autonomie. Dabei ist für Kant »Sittlichkeit und die Menschheit, sofern sie derselben fähig ist, dasjenige, was allein Würde hat«.[1] Dass die Menschenwürde nicht verletzt werden darf, ist für Kant deshalb gleichbedeutend mit der Forderung: »Der Mensch kann von keinem Menschen (weder von anderen noch sogar von sich selbst) bloß als Mittel, sondern muß jederzeit zugleich als Zweck gebraucht werden, und darin besteht eben seine Würde«.[2] Anders ausgedrückt: Man darf einen Menschen (ob einen anderen oder sich selbst) zwar als Mittel, aber niemals *bloß* als Mittel gebrauchen oder benutzen. Man muss stets auch seiner sittlichen Autonomie oder Selbstbestimmung Rechnung tragen.

In den gegenwärtigen Diskussionen wird dieses kantische Verständnis der Menschenwürde gewöhnlich dadurch auf den Punkt gebracht, dass gesagt wird, die Menschenwürde verbiete es, einen Menschen zu »instrumentalisieren« (oder zu »verdinglichen«). Wie haben wir dieses Verbot der Instrumentalisierung näher zu verstehen und wie sehen im Einzelnen seine Konsequenzen aus?

Instrumentalisiere ich den Taxifahrer, der mich befördert? Wohl kaum; ich benutze ihn zwar als Mittel (zum Zweck meiner Beförderung), aber nicht *bloß* als Mittel – jedenfalls dann nicht, wenn

1 Immanuel Kant, *Grundlegung zur Metaphysik der Sitten,* in: I. K., *Werke in sechs Bänden,* hrsg. von Wilhelm Weischedel, Bd. 4, Darmstadt 1963, S. 68.

2 Immanuel Kant, *Metaphysik der Sitten,* in: Ebd., S. 600.

er mich freiwillig befördert und ich ihm anschließend den üblichen Preis für seine Dienste zahle. Instrumentalisieren würde ich ihn etwa dann, wenn ich ihn mit vorgehaltener Pistole zu der Fahrt zwänge. Instrumentalisiert wird fraglos eine Geisel, die gefoltert wird. Instrumentalisiert wird fraglos eine Frau, die vergewaltigt wird.

Insoweit führt uns der Begriff der Instrumentalisierung – als gleichbedeutend verstanden mit dem Begriff der Menschenwürdeverletzung – also zu durchaus einleuchtenden Ergebnissen. Dies ist jedoch, wie wir nun sehen werden, keineswegs in allen Fällen so.

Betrachten wir etwa den Fall zwangsweiser Blutentnahme. Sicher muss man es als eine Instrumentalisierung ansehen, wenn einem Menschen zu irgendeinem Zweck, der nicht der seine ist, gegen seinen Willen Blut entnommen wird. Ist eine solche Blutentnahme unter gewissen Umständen aber nicht trotzdem ethisch legitim? Ist es wirklich unzulässig, jemandem auch gegen seinen Willen, aber ohne Risiko für seine Gesundheit Blut zu entnehmen, wenn man nur so das Leben eines Schwerverletzten nach einem Unfall retten kann? Ich meine, nein; ich kann es aber nachvollziehen, wenn jemand anderer Meinung ist. Auch in rechtlicher Betrachtung gibt es hierzu unterschiedliche Meinungen.

Entscheidend ist in unserem Zusammenhang jedoch der folgende Punkt: Allein die Tatsache, dass man über die Zulässigkeit der Instrumentalisierung eines Menschen in diesem Fall offensichtlich streiten kann, zeigt deutlich, dass auch eine Instrumentalisierung nicht automatisch, unter allen Umständen ethisch und rechtlich illegitim sein muss. Wenn aber jede Handlung, die eine Verletzung der Menschenwürde darstellt, damit automatisch als illegitim erwiesen ist, dann kann demnach nicht jede Instrumentalisierung auch eine Verletzung der Menschenwürde darstellen.

Wir brauchen unseren Fall der Instrumentalisierung zum Zweck der Lebensrettung tatsächlich nur ein wenig abzuändern, um zu erreichen, dass wohl jedermann unter diesen Umständen eine Instrumentalisierung ethisch wie rechtlich als legitim ansehen würde. Betrachten wir folgendes Beispiel: In einem See droht ein Kind zu ertrinken. Es kann nur dadurch gerettet werden, dass A und/oder B, die gemeinsam am Ufer stehen, in einem vor Anker liegenden Motorboot auf den See hinausfahren. B, dem das Boot gehört, will jedoch nicht fahren und auch sein Boot zur Lebensrettung des Kindes nicht zur Verfügung stellen. Darf A ihm unter Anwendung von Gewalt den Schlüssel für das Boot wegnehmen und das

Kind retten? Jeder, der diese Frage mit »Ja« beantwortet, kann die Instrumentalisierung eines Menschen nicht mehr unter allen Umständen missbilligen.

Diese Beispiele machen im Übrigen auch deutlich, wie wenig hilfreich der gerade in Fragen des Embryonenschutzes nicht selten herangezogene Slogan »Der (gute) Zweck heiligt nicht die (schlechten) Mittel« ist. Natürlich trifft diese moralische Weisheit in vielen Fällen zu: Der gute Zweck, dass ich der Familie meines bedürftigen Nachbarn X eine Urlaubsreise schenken will, heiligt nicht das schlechte Mittel, dass ich das Geld hierfür meinem reichen Nachbarn Y stehle. Doch zeigen unsere Beispiele, dass der genannte Slogan keineswegs für alle Fälle akzeptabel ist: Der gute Zweck, den A mit seiner Tat verfolgt, heiligt offenbar durchaus das an sich schlechte Mittel seines gewaltsamen Vorgehens gegen B.

Betrachten wir noch einen weiteren Fall ganz anderer Art. Ohne Zweifel muss man sagen, dass ein Richter, der nach einer unaufgeklärten Gräueltat einen Unschuldigen bestraft, nur um die Bevölkerung zu beruhigen oder um von weiteren ähnlichen Taten abzuschrecken, diesen Unschuldigen instrumentalisiert. Wie aber sieht die Sache aus, wenn ein Richter wegen einer Straftat, wie es normalerweise ja der Fall ist, den Schuldigen bestraft? Blicken wir zunächst auf einen Fall, in dem die Straftat selber vermutlich nicht – wie etwa eine Vergewaltigung – als Instrumentalisierung eines Menschen betrachtet werden kann und in dem die Abschreckung von weiteren Taten dieser Art insofern auch nicht dem Schutz der Menschenwürde dienen kann.

Angenommen, C wird, weil er einem Hund aus Rohheit erhebliche Schmerzen zugefügt hat, nach § 17 Tierschutzgesetz zu einer Freiheitsstrafe verurteilt. Da C diese Straftat auch wirklich begangen hat, scheint insoweit alles in Ordnung zu sein. Aber wird nicht auch hier in Wahrheit ein Mensch instrumentalisiert, insofern er durch Entzug seiner Freiheit zu dem Ziel benutzt wird, dass das strafrechtliche Verbot der Tierquälerei in der Bevölkerung nicht auf die leichte Schulter genommen wird, sondern die erwünschte allgemeine Abschreckung von dieser Straftat stattfindet?

Vielleicht wird man sagen, C habe sich seine Bestrafung doch durch sein Handeln selbst zuzuschreiben und von Anfang an mit der Möglichkeit seiner Bestrafung rechnen müssen. Diese Behauptung ist sicher zutreffend; aber ändert sie etwas daran, dass C jetzt, nachdem er straffällig geworden und gefasst ist, zwangsweise, also gegen seinen Willen, im Interesse des Tierschutzes eingesperrt wird? Man kann hier auch nicht unbedingt einwenden, der generelle Schutz des betroffenen Rechtsgutes durch die Abschreckungswirkung einer konsequenten Strafverfolgung sei letztlich doch in C's eigenem Sinne. Selbst wenn man zugesteht, dass dieser Gesichtspunkt im Prinzip geeignet ist, die fragliche Instrumentalisierung auszuschließen: C, so wollen wir annehmen, hat eine generelle Abneigung gegen Tiere und deshalb generell an einem Tierschutz keinerlei Interesse. Anders als etwa im Fall von Totschlag oder Diebstahl, die ihn jeweils selbst oder auch Menschen, die ihm nahe stehen, als Opfer treffen können, ist ihm also auch die generelle Abschreckungswirkung einer Bestrafung tierquälerischer Handlungen gar nicht erwünscht.

Ja, wir können die Problemstellung sogar noch weiter radikalisieren. Wie ist es denn, wenn D wegen Vergewaltigung einer Frau bestraft wird? Wir wollen annehmen, dass D – entsprechend wie im vorigen Fall C – an einer allgemeinen Verhinderung von Vergewaltigungen weiblicher Personen seinerseits nicht interessiert ist, da er weder weibliche Angehörige (seine Mutter ist verstorben) noch generell ein Mitgefühl für Frauen hat. Wird er unter diesen Umständen durch die Bestrafung der von ihm begangenen Vergewaltigung nicht instrumentalisiert? Anders als im Fall der Tierquälerei trifft es hier zwar zu, dass der Täter selber ohne Zweifel einen Menschen instrumentalisiert und damit die Menschenwürde verletzt hat. Dies ändert aber nichts daran, dass er nun durch seine Bestrafung seinerseits – zur Verhinderung künftiger Instrumentalisierungen – gegen seinen Willen benutzt, also instrumentalisiert wird.

Offensichtlich stehen wir hier vor einem Dilemma. Einerseits halten wir die Bestrafung von C und D für durchaus legitim. Andererseits aber müssen wir zugeben, dass diese Bestrafung, mag sie noch so legitim, ja unverzichtbar sein, den eigenen Zwecken der Betroffenen zuwiderläuft. Es ist nicht zu leugnen: Sie, die Täter, werden durch ihre Bestrafung zweifellos ausschließlich, also »bloß« für ihnen fremde Zwecke benutzt und somit instrumentalisiert. Da wir aber zweifelsohne trotzdem an der ethischen Legitimität der Bestrafung festhalten wollen, bleibt uns aus diesem Dilemma nur der folgende Ausweg: Erstens müssen wir zugestehen, dass es Formen von Instrumentalisierung gibt, die aus ethischen Gründen gleichwohl legitim sind. Und zweitens müssen wir, um nicht die Unantastbarkeit der Menschenwürde preisgeben zu müssen, zugestehen, dass ethisch legitime Handlungen, die den

Menschen instrumentalisieren, trotz dieser Instrumentalisierung die Menschenwürde *nicht* verletzen. Denn wenn die Verletzung der Menschenwürde unter Umständen doch legitim sein könnte, dann hätte die Menschenwürde den Charakter ihrer ausnahmslosen Unantastbarkeit verloren.

Diese Zugeständnisse sind jedoch in ihren Konsequenzen überaus gravierend. Wir haben nämlich damit den Begriff der Menschenwürde bzw. der Menschenwürdeverletzung gegenüber unserer obigen Ausgangsdefinition neu definiert: Die Verletzung der Menschenwürde ist nunmehr nicht mehr gleichbedeutend mit der Instrumentalisierung eines Menschen, sondern mit der ethisch illegitimen Instrumentalisierung eines Menschen. Das aber hat zur Folge: Das Menschenwürdeprinzip bietet für sich genommen gar keinen Maßstab mehr für legitimes Verhalten, sondern setzt für seine Anwendung ein normatives Werturteil darüber, was legitim ist, bereits voraus. Schon der Begriff der Menschenwürde ist seinerseits normativ aufgeladen. (An diesem Ergebnis würde sich im Übrigen auch dann nichts ändern, wenn man sich etwa entschließen würde, bereits den Begriff der *Instrumentalisierung* so zu verstehen, dass er durch eine Benutzung zu fremden Zwecken nur dann erfüllt wird, wenn diese Benutzung illegitim ist.)

Wenn X beispielsweise sagt: »Die Embryonenforschung ist unzulässig; denn sie verletzt die Menschenwürde«, so bringt er damit zwar deutlich zum Ausdruck, dass er die Nutzung oder Instrumentalisierung von Embryonen zu Forschungszwecken für illegitim hält; er gibt für dieses Werturteil insoweit aber noch keinerlei Begründung. Falls Y die Embryonenforschung für legitim hält, kann er seinerseits einfach entgegenhalten, sie verletze die Menschenwürde nicht. Die Heranziehung des Begriffs der Menschenwürde hat insoweit zu einer rationalen Bewältigung der Kontroverse zwischen X und Y nicht das Geringste beigetragen. Im Gegenteil: Sie hat von den wirklichen Gründen, die sich für die eine oder für die andere Position möglicherweise anführen lassen, nur abgelenkt.

Dass die Berufung auf die Menschenwürde einer sachlichen Diskussion des Für und Wider ethisch kontroverser Umgangsweisen mit dem Menschen eher im Wege steht, zeigt recht deutlich unser obiges Beispiel der zwangsweisen Blutentnahme zur Lebensrettung eines Unfallopfers. Was uns in diesem Fall zur Problemlösung weiterhilft, ist nicht die Menschenwürde, sondern ein ethisches Notstandsprinzip, wie es sowohl unserer geltenden Sozialmoral als auch der rechtlichen Regelung des § 34 Strafgesetzbuch zugrunde liegt. Diese Regelung lautet: »Wer in einer gegenwärtigen, nicht anders abwendbaren Gefahr für Leben, Leib, Freiheit, Ehre, Eigentum oder ein anderes Rechtsgut eine Tat begeht, um die Gefahr von sich oder einem anderen abzuwenden, handelt nicht rechtswidrig, wenn bei Abwägung der widerstreitenden Interessen, namentlich der betroffenen Rechtsgüter und des Grades der ihnen drohenden Gefahren, das geschützte Interesse das beeinträchtigte wesentlich überwiegt.« Es sei dem Leser selber überlassen, die Zulässigkeit der zwangsweisen Blutentnahme anhand dieses Prinzips im Einzelnen zu überprüfen.

Auch ein Prinzip wie das der Notstandsregelung ist sicher nicht in allen Fällen einfach anzuwenden. Trotzdem ist es empirisch gehaltvoll und läuft nicht – wie das Prinzip der Menschenwürde – auf eine inhaltslose Tautologie hinaus. Im Übrigen soll mit diesen Ausführungen zum Notstandsprinzip natürlich nicht gesagt sein, dass dieses Prinzip in allen Fällen, in denen eine Berufung auf die Menschenwürde stattfindet, von Relevanz ist. Wir werden im Verlauf unserer Untersuchung andere normative Prinzipien kennen lernen, die im Zusammenhang des Lebensschutzes von weit größerer Bedeutung sind.

In Wahrheit ist der Begriff der Menschenwürde, im kantischen Sinn verstanden, sogar noch problematischer, als bislang deutlich wurde. Bislang haben wir unter einer Verletzung der Menschenwürde nämlich nur die Instrumentalisierung *anderer* Menschen verstanden. Kant schreibt aber, wie oben (S. 12) zitiert, dass der Mensch, um seine Würde zu verlieren, »von keinem Menschen (weder von anderen noch von sich selbst)« instrumentalisiert werden darf. Er beschränkt die Verletzung der Menschenwürde also keineswegs auf die Instrumentalisierung *anderer* Menschen, sondern geht ausdrücklich davon aus, dass man auch *sich selbst* instrumentalisieren und auch dadurch die Menschenwürde, nämlich die eigene Menschenwürde, verletzen kann. Neben der Fremdinstrumentalisierung gibt es danach also auch die Selbstinstrumentalisierung. Kant ist nicht nur der Überzeugung, dass der Mensch auch sich selbst gegenüber moralische Pflichten hat, sondern gründet auch diese Pflichten offenbar auf das allgemeine Verbot einer Instrumentalisierung.

Wie kann man aber sich selbst durch eine freiwillig vorgenommene Handlung instrumentalisieren? Dies lässt sich offenbar, wenn überhaupt, nur so verstehen, dass man sich selbst in einer Weise benutzt oder gebraucht, die sittlich unzulässig ist, und durch eine solche »Selbsterniedrigung« jene Würde der gesamten Menschheit, an der man selbst wie jeder andere Mensch teilhat, verletzt. Ganz so, wie man einen anderen Menschen in unsittlicher Weise zum bloßen Werkzeug seiner Neigungen, Wünsche oder Interessen machen kann, so kann man in entsprechender Weise auch sich selbst zu einem solchen Werkzeug machen.

So verstanden aber wird die Forderung »Man darf die Menschenwürde nicht verletzen« zu einer reinen normativen Leerformel, die keinen inhaltlichen Maßstab mehr enthält. Denn wenn der Begriff der Instrumentalisierung so weit gefasst wird, dass ich mich als handelndes Subjekt auch in Kontexten, die keinerlei Bezug zu anderen Subjekten haben oder in denen ich mit anderen Subjekten ganz einverständlich zusammenwirke, einfach durch unsittliches Verhalten als solches instrumentalisiere, dann instrumentalisiere ich mich bereits in ethisch unzulässiger Weise und verletze somit meine Menschenwürde immer dann, wenn ich etwas sittlich Falsches tue. Mit anderen Worten: Der Begriff der Menschenwürde ist zum Sammelbegriff des sittlich Richtigen oder Geforderten geworden – und die Verletzung der Menschenwürde zum Sammelbegriff des sittlich Falschen oder Unzulässigen.

Das oben als Beispiel angeführte Argument »Die Embryonenforschung ist unzulässig; denn sie verletzt die Menschenwürde« besagt danach genau das Gleiche wie das Argument »Die Embryonenforschung ist unzulässig; denn sie ist unzulässig«. Ein derartiges »Argument« aber verdient nicht diesen Namen und ist vollkommen wertlos; es kann keinerlei begründende Funktion wahrnehmen. Wer ein Verhalten wegen seines im kantischen Sinn »instrumentalisierenden« Charakters als Verletzung der Menschenwürde bezeichnet, bringt dadurch lediglich zum Ausdruck, dass er dieses Verhalten für sittlich unzulässig hält. Irgendeine Begründung für sein negatives Werturteil gibt er damit jedoch nicht.

Die sich hier auftuende Möglichkeit, jedes beliebige Verhalten, das man für sittlich unzulässig hält, als illegitime Selbstinstrumentalisierung und damit als Verletzung der Menschenwürde zu brandmarken, hat beim Aufstellen moralischer Postulate nicht erst seit neuem eine ganz erhebliche praktische Bedeutung angenommen. Das mögen die folgenden Beispiele belegen.

Schon für Kant galt keineswegs nur etwa die Fremdtötung oder die Vergewaltigung als Verstoß gegen die Menschenwürde, sondern ebenfalls die Selbsttötung oder die außereheliche Sexualbetätigung in jeder ihrer Formen. Insbesondere Homosexualität und Sodomie waren für ihn abscheuliche Verbrechen »wider die Zwecke der Menschheit«[3]; denn sie »erniedrigen die Menschheit unter die Thierheit« und »machen den Menschen der Menschheit unwürdig«[4]. Auch christliche Theologen und Sittenlehrer haben außereheliche Formen der Sexualität bis heute immer wieder als Verletzungen der Menschenwürde gebrandmarkt. So bezeichnet beispielsweise der *Katechismus der Katholischen Kirche* den Geschlechtsverkehr zwischen Unverheirateten als »Unzucht«, weil er »ein schwerer Verstoß gegen die Würde dieser Menschen« sei.[5] Und noch vor zwei Jahrzehnten hat das deutsche Bundesverwaltungsgericht die Veranstaltung so genannter Peep-Shows mit der Begründung für verbotswürdig erklärt, sie verletzten die Menschenwürde der in ihnen auftretenden (vollkommen freiwillig auftretenden!) Frauen.[6]

An diesen Beispielen kann man exemplarisch sehen, dass die Berufung auf die Menschenwürde besonders in Kontexten einer ganz bestimmten Art erfolgt: Man ist aus religiösen oder weltanschaulichen Gründen auf ein bestimmtes »Menschenbild« mit bestimmten ethischen Postulaten festgelegt. Da man sich verpflichtet fühlt, diese Postulate nicht nur in seinem eigenen Leben zu befolgen, sondern auch in der Gesellschaft durchzusetzen, braucht man zu diesem Zweck natürlich Argumente. Man weiß oder spürt, dass die ausdrückliche und offene Berufung auf ein religiöses oder weltanschauliches Menschenbild insbesondere dort, wo es um die Rechtfertigung staatlicher Zwangsmaßnahmen geht, keine hinreichende Überzeugungskraft besitzt. Unter diesen Umständen findet man im Begriff der Menschenwürde die geradezu ideale argumentative Waffe: Da dieser Begriff, wie wir sahen, ein normativ besetztes Schlagwort ohne jeden deskriptiven Gehalt ist, legt man das jeweilige Menschenbild mit seinen ethischen Postulaten einfach in den Begriff hinein und erweckt so den Anschein, eine aus diesen Postulaten ableitbare negative Bewertung über ein

3 Immanuel Kant, *Vorlesungen über Moralphilosophie,* in: I. K., *Gesammelte Schriften,* hrsg. von der Akademie der Wissenschaften zu Göttingen, Bd. 27, Abt. 4, *Vorlesungen,* Bd. 4,2,2, Berlin 1979, S. 1520.
4 Ebd., Bd. 27, Abt. 4, *Vorlesungen,* Bd. 4,1, Berlin 1974, S. 391.
5 *Katechismus der Katholischen Kirche,* München 1993, Nr. 2353.
6 Urteil des Bundesverwaltungsgerichts vom 15.12.1981, wiederabgedr. in: *Neue Juristische Wochenschrift* 35 (1982) S. 664 f.

bestimmtes Verhalten mit dem Satz »Dieses Verhalten verletzt die Menschenwürde« begründet zu haben. In Wirklichkeit hat man jedoch nichts begründet, sondern seiner Bewertung lediglich auf besonders suggestive Weise Ausdruck gegeben.

Es ist kaum ein Zufall, wenn sich heutzutage – vor etwa drei Jahrzehnten wurde in Deutschland die Homosexualität unter Berufung auf die Menschenwürde noch bestraft – einige unserer Politiker, die von einem ganz anderen Menschen- und Ehebild als die christlichen Kirchen ausgehen, zur Propagierung der Homosexuellen-Ehe in der selbstverständlichsten Weise ebenfalls auf die Menschenwürde berufen. Und es ist ebenso wenig verwunderlich, wenn im Streit um die Zulässigkeit etwa des therapeutischen Klonens oder der Sterbehilfe gelegentlich sogar beide Seiten gleichzeitig versuchen, durch Berufung auf die Menschenwürde den Sieg davonzutragen. Die Menschenwürde eignet sich vorzüglich als ideologische Waffe!

Der Befund, dass die Berufung auf die Menschenwürde bei einer rationalen Erörterung und Lösung rechtsethischer Probleme nicht weiterhilft, steht nicht in Widerspruch dazu, dass das Prinzip der Menschenwürde mit einer gewissen Berechtigung am Anfang von Artikel 1 unserer Verfassung steht. An dieser herausragenden Stelle unserer Rechtsordnung kann dieses Prinzip nämlich immerhin wie folgt verstanden werden: Es soll zum einen die Abkehr unseres Staates von der nationalsozialistischen Diktatur markieren und daran erinnern, dass der Mensch mit seinesgleichen nicht nach Belieben umgehen darf – etwa im Sinne der in den gegenwärtigen Lebensschutzdebatten ebenfalls beliebten Binsenwahrheit »Der Mensch darf nicht alles, was er kann«. Und es soll zum anderen, wie aus den weiteren Sätzen von Artikel 1 hervorgeht, in eindringlicher Form auf die verfassungsrechtliche Bedeutung der einzelnen »nachfolgenden Grundrechte« hinweisen, insoweit sie als »Menschenrechte« so etwas wie den unverzichtbaren Kernbestand der Menschenwürde ausmachen. Dabei darf in jedes dieser Grundrechte allerdings in gewissen Ausnahmefällen eingegriffen werden. Außerdem ist zu beachten, dass die Menschenrechte – anders als die kantisch verstandene Menschenwürde – des Menschen X immer nur von anderen, nicht aber von X selbst verletzt werden können. So verbietet etwa das Menschenrecht auf Leben nicht die Selbsttötung.

So gesehen, kann man sagen, dass das Prinzip der Menschenwürde in seiner *rechtlichen* Bedeutung in einem einzigen Begriff zusammenfasst, was die verschiedenen Menschenrechte gemeinsam beinhalten. Auch in dieser Sichtweise fehlt dem Prinzip damit die praktische Relevanz. Denn es geht im Umfang seiner normativen Forderungen an die Gestaltung der gewöhnlichen Rechtsnormen über die diversen Menschenrechte ja nicht hinaus. Zur Lösung rechtspolitisch-ethischer Streitfragen ist es in jedem Fall viel aussichtsreicher, unmittelbar die jeweils einschlägige Grundrechtsnorm heranzuziehen, da sie natürlich ungleich spezifischer und somit aussagekräftiger ist als das umfassende Prinzip der Menschenwürde.

Dem Prinzip der Menschenwürde kommt insoweit auch in rechtlicher Betrachtung keine eigenständige Bedeutung zu. Was aber das Thema unserer Untersuchung, nämlich den Lebensschutz, betrifft, so ist es offensichtlich das gemäß Artikel 2 unserer Verfassung jedem Menschen zustehende »Recht auf Leben«, an dem wir unsere Überlegungen im Folgenden orientieren müssen. Ob und unter welchen Bedingungen man Menschen »instrumentalisieren« darf, muss, auch was die »Menschenwürde« angeht, danach beurteilt werden, inwieweit sich die betreffende Instrumentalisierung mit dem Menschenrecht auf Leben in Einklang bringen lässt.

Im Übrigen müssen alle Menschen, denen die Menschenrechte (wie das Recht auf Leben) zustehen, nach unserer Verfassung auch als Träger einer Menschenwürde angesehen werden. Ob sie im Einzelfall überhaupt in dem Sinn »instrumentalisierbar« sind, dass sie einen selbstbestimmten Willen haben, der verletzbar ist, ist dabei bedeutungslos: Beispielsweise sind auch Kleinkinder oder schwer Geisteskranke, die der Selbstbestimmung oder Autonomie nur in einem eingeschränkten Sinne fähig sind, als Menschen jedenfalls Träger der Menschenrechte und damit auch der Menschenwürde. Die Frage aber, ob menschlichem Leben auch im vorgeburtlichen Stadium bereits die Menschenrechte zustehen, wird uns im Zusammenhang mit unseren Überlegungen zum Recht auf Leben noch ausführlich beschäftigen.

An meiner Kernbehauptung, wonach das Menschenwürdeprinzip bei der Lösung rechtsethischer Probleme nutzlos ist, ändert sich nach alledem also nichts. Es mag zwar zutreffen, dass wir auf den unserer Rechtsordnung zugrunde liegenden Gehalt der Menschenwürde (in Form der einzelnen Menschenrechte) nicht verzichten können. Der *Begriff* der Menschenwürde ist gleichwohl durchaus verzichtbar.

An diesem Punkt wird außerdem auch deutlich, warum das Operieren mit dem Schlagwort »Menschenwürde« nicht nur nutzlos ist, sondern einer sachlichen Problemlösung eher hinderlich sein kann. Wer in einem beliebigen Kontext ein von ihm missbilligtes Verhalten als Verstoß gegen die Menschenwürde brandmarkt, suggeriert damit häufig, dieses Verhalten stehe ethisch auf einer Stufe mit einer Verletzung der Menschenrechte (wie etwa Folter, Tötung von Geisteskranken oder Rassendiskriminierung). Damit suggeriert er aber auch, die moralische und rechtliche Verurteilung dieses Verhaltens sei im Grunde für jeden anständigen Menschen ebenso völlig selbstverständlich wie im Fall von Menschenrechtsverletzungen. Auf diese Weise gelingt es ihm nicht selten, jede Begründung für diese Verurteilung als überflüssig erscheinen zu lassen und Andersdenkende moralisch zu disqualifizieren. Unter diesen Umständen fungiert das Schlagwort »Menschenwürde« nicht mehr bloß als argumentativ nichtssagende Leerformel, sondern überdies als herabsetzende rhetorische Keule.

Wer meint, eine im Ergebnis die Menschenwürde in Form der Menschenrechte achtende Rechtsordnung sei auch auf den *Begriff* der Menschenwürde angewiesen, der sollte einen Blick auf demokratische Rechtsordnungen außerhalb unseres Landes werfen. Ein solcher Blick zeigt Folgendes: In den traditionellen westlichen Demokratien – insbesondere in den Vereinigten Staaten, Großbritannien und Frankreich – spielen zwar die Menschenrechte im (geschriebenen oder ungeschriebenen) Verfassungsrecht eine große und wichtige Rolle; einen der »Menschenwürde« vergleichbaren Begriff sucht man dort aber vergeblich. Da man jedoch kaum behaupten kann, dass von diesen Staaten die Menschenwürde in der Realität weniger geachtet und geschützt wird als von unserem Staat, bestätigt dieser Befund aus der Praxis meine obige These, dass man in der rechtsethischen Meinungsbildung auf die »Menschenwürde« gut verzichten kann.

Das Fazit des vorliegenden Kapitels lautet: Allein aus einem ethischen oder rechtlichen Prinzip, wonach die Menschenwürde unter allen Umständen unantastbar ist, lassen sich für unsere Frage nach den legitimen Normen für den Schutz des Lebens keine Folgerungen ziehen. Schon Arthur Schopenhauer schrieb sehr treffend über das Prinzip der Menschenwürde: »Dieser von allen Kantianern so unermüdlich nachgesprochene Satz, ›man dürfe den Menschen immer nur als Zweck, nie als Mittel behandeln‹, ist zwar ein bedeutend klingender und daher für alle die, welche gern eine Formel haben mögen, die sie alles ferneren Denkens überhebt, überaus geeigneter Satz; aber beim Lichte betrachtet ist es ein höchst vager, unbestimmter, seine Absicht ganz indirekt erreichender Ausspruch«.[7] Jenem Prinzip, das seine Absicht, das Leben des Menschen zu schützen, sehr direkt erreicht, wollen wir uns nun zuwenden.

7 Arthur Schopenhauer, *Die Welt als Wille und Vorstellung,* Bd. 1, hrsg. von Arthur Hübscher, 3. Aufl., Wiesbaden 1972, S. 412.

# 2
# Die Verfassung und das Menschenrecht auf Leben

Darf man einen Menschen nach Belieben töten? Muss der Staat eine solche Tötung strafrechtlich verbieten? Nicht die bloße Menschenwürde, sondern das inhaltlich spezifische Menschenrecht auf Leben ist es, das uns eine verbindliche Beantwortung dieser Fragen möglich macht. Das Menschenrecht auf Leben ist eines der Grundrechte unserer Verfassung. Denn in Artikel 2 dieser Verfassung steht der Satz: »Jeder hat das Recht auf Leben.« Dabei geht aus dem Zusammenhang, in dem Artikel 2 mit Artikel 1 und seinem Prinzip der Menschenwürde steht, zweifelsfrei hervor, dass mit dem Wort »jeder« hier nicht etwa »jeder Deutsche« oder »jeder Erwachsene« und auch nicht etwa »jeder Baum« oder »jeder Affe«, sondern einzig und allein »jeder Mensch« gemeint ist.

Bevor wir uns einer der zentralen Fragen dieses Buches zuwenden, wer genau als Mensch im Sinne dieser Vorschrift zu verstehen ist und ob insbesondere schon menschliche Embryonen unter diesen Begriff fallen, müssen wir uns zunächst klarmachen, was es genau bedeutet, zu deklarieren, jemand habe das (oder ein) »Recht auf Leben«. Schon dieser Begriff des Rechts auf Leben oder Lebensrechtes wird nämlich in der öffentlichen Diskussion von Politikern und Medien in aller Regel ganz unzureichend verstanden und behandelt.

So ist in der öffentlichen Diskussion zwar permanent vom verfassungsrechtlichen »Schutz« des ungeborenen Lebens bzw. »Lebensschutz« von Embryonen die Rede, selten aber vom »Recht auf Leben« dieser Wesen. In unserer Verfassung – und allein um deren Konsequenzen geht es uns im vorliegenden Kapitel – ist jedoch vom »Schutz« des Menschen oder des menschlichen Lebens nirgendwo die Rede. Deshalb wollen wir schon an dieser Stelle festhalten: In verfassungsrechtlicher Betrachtung besitzt der menschliche Embryo entweder die Menschenwürde und das Menschenrecht auf Leben (was, wie in Kapitel 1 gezeigt, auf dasselbe hinausläuft) oder gar nichts. Falls ihm zwar kein Lebensrecht, wohl aber ein gewisser Lebensschutz zusteht, so ist dies jedenfalls keine Frage der Verfassung.

Es ist keineswegs ein bloßer Streit um Worte, ob man einem Individuum entweder ein »Lebensrecht« oder einen »Lebensschutz« einräumt. Es ist vielmehr von allergrößter Wichtigkeit, sich den Unterschied in der Sache zwischen diesen beiden Begriffen in aller Deutlichkeit klarzumachen.

Natürlich trifft es zu, dass auch das Lebensrecht einen Lebensschutz zur Folge hat; sonst wäre es ja nutzlos. Aber – und das ist der entscheidende Punkt – das Lebensrecht hat eine ganz bestimmte Art von Lebensschutz, einen »qualifizierten« Lebensschutz zur Folge: nämlich einen individuellen und gleichzeitig besonders strikten Lebensschutz. Der Lebensschutz ohne Lebensrecht, der »schlichte« Lebensschutz, auf den diese Qualifizierung nicht zutrifft, ist insofern eine viel schwächere Art von Lebensschutz. Der Grund für diesen Unterschied liegt darin, dass das Menschenrecht auf Leben ein individuelles Recht oder Individualrecht ist, das heißt ein Recht, das jedem einzelnen Menschen um seiner selbst als Individuum willen zukommt. Beim Lebensschutz ohne Recht auf Leben geht es dagegen darum, menschliches Leben allgemein, ohne Rücksicht auf die unmittelbar betroffenen Individuen zu schützen. Sofern ein Einzelner hier im Ergebnis ebenfalls geschützt wird, dient dieser Schutz letztlich doch nicht diesem Einzelnen als Individuum, sondern als Vertreter oder Angehörigem der menschlichen Gattung. Wir wollen uns die praktische Relevanz des Unterschieds zwischen dem qualifizierten Lebensschutz des individuellen Rechts auf Leben und dem schlichten Lebensschutz an den beiden folgenden Beispielen näher klarmachen.

Fall 1. Arzt E hat auf seiner Intensivstation drei Patienten. Zwei leiden an einem irreparablen Nierenversagen, sind aber im Übrigen gesund; einer leidet an einem unheilbaren Herzfehler mit einer verbleibenden Lebenserwartung von nur wenigen Wochen. Da E weder Spendernieren noch eine künstliche Niere zur Verfügung hat, rettet er das Leben der beiden nierenkranken Patienten dadurch, dass er ihnen je eine Niere des herzkranken Patienten transplantiert, dessen Tötung er dabei in Kauf nimmt. Wie ist E's Verhalten zu beurteilen?

Wohl niemand würde daran zweifeln, dass E's Verhalten illegitim und verbotswürdig ist. Aber warum ist es illegitim und verbotswürdig? Auf der Basis unserer geltenden Verfassung können wir dies, rechtlich betrachtet, völlig stichhaltig begründen: Das Individualrecht auf Leben, das jeder Mensch besitzt, ist prinzipiell unvereinbar damit, das Leben irgendeines Menschen zur Rettung eines oder mehrerer anderer Menschen preiszugeben. Denn das Menschenrecht auf Leben dient dem Lebensschutz jedes einzelnen Menschen um seiner selbst willen: Jeder einzelne Mensch muss *um seiner selbst willen* optimal geschützt werden.

Es geht hier also gerade nicht um den Schutz menschlichen Lebens insgesamt oder allgemein betrachtet, das heißt um den schlichten Lebensschutz. Dieser schlichte Lebensschutz verbietet es zwar auch, durch Tötung irgendeines Menschen die Gesamtheit menschliches Leben zu verringern; so würde bereits der schlichte Lebensschutz beispielsweise einen gewöhnlichen Raubmord verbieten. In Fall 1 aber würde diese Art von Lebensschutz die Tötungshandlung von E gerade nicht verbieten. Denn E dient durch diese Handlung ja durchaus dem Lebensschutz, allgemein und in einem umfassenden Sinn verstanden: E vernichtet zwar ein Leben, rettet dadurch aber zwei Leben. Menschliches Leben insgesamt wird durch seine Tat also nicht vermindert, sondern umgekehrt erhalten und deshalb auch geschützt. Diese positive Gesamtbilanz wird sogar noch verstärkt dadurch, dass jenes Leben, das E vernichtet, ohnehin nur noch von kurzer Dauer wäre, während die beiden Leben, die er rettet, nach menschlicher Voraussicht noch von erheblich längerer Dauer sind. Insofern wäre E's Vorgehen durch diesen Lebensschutz sogar dann legitimiert, wenn er im Ergebnis nur einen der beiden nierenkranken Patienten durch seine Tötung des herzkranken Patienten retten könnte.

Das individuelle Recht auf Leben mit seinem qualifizierten Lebensschutz verbietet jedoch eindeutig jedes derartige Vorgehen. Kein einziger Mensch darf prinzipiell gezwungen werden, sein Leben für irgendwelche anderen Menschen, also letztlich für die menschliche Gesellschaft oder Gattung insgesamt, zu opfern. Das Menschenrecht auf Leben verbietet jede utilitaristische Gesamtkalkulation auf Kosten des Individuums. Es verbietet insoweit, die individuellen Menschen als gegeneinander austauschbare Größen zu behandeln. Damit bietet das verfassungsmäßig garantierte Recht auf Leben gleichzeitig auch eine Begründung dafür, dass in einem solchen Fall ein Mensch nicht nur instrumentalisiert wird, sondern *illegitimerweise* instrumentalisiert und insofern in seiner rechtlich geschützten »Menschenwürde« verletzt wird. Dass das Individualrecht auf Leben trotz alledem damit vereinbar ist, ein Leben, das für einen anderen Menschen eine *Bedrohung* darstellt, unter ganz bestimmten Voraussetzungen zu vernichten, werden wir in Kapitel 3 noch sehen.

An dieser Stelle möchte ich der Deutlichkeit halber noch auf den folgenden Punkt hinweisen. Das Individualrecht auf Leben, das als Menschenrecht jedem Menschen zusteht und vom Staat zu schützen ist, kann sinnvollerweise nicht etwa als Anspruchsrecht, sondern nur als Abwehrrecht verstanden werden. Das bedeutet: Der Inhaber dieses Rechtes hat ein Recht darauf, dass sein Leben nicht vernichtet, dass er also nicht getötet wird. Er hat nicht automatisch auch ein Recht darauf, dass sein Leben durch positive Maßnahmen erhalten wird, dass ihm also insbesondere eine Grundversorgung und eine medizinische Versorgung von anderen gewährt werden. Sonst würde jeden Bürger unserer Wohlstandsgesellschaft ja die rechtliche Verpflichtung treffen, jedem an Hunger oder Krankheit sterbenden Menschen dieser Welt, der als Mensch natürlich Inhaber des Rechts auf Leben ist, durch Hilfsmaßnahmen das Überleben zu sichern. Das Recht auf Leben, das jedem einzelnen Menschen zusteht, verpflichtet seine Mitmenschen im Hinblick auf sein Leben zu einem Unterlassen, nicht zu einem Handeln.

Fall 2. F ist Leiter eines Pflegeheimes mit ausschließlich greisen, hinfälligen Bewohnern. Nach Lektüre eines Aufsatzes über die katastrophale Situation vieler Kinder in der Dritten Welt entschließt er sich zu folgender Maßnahme. Er lässt seine Heimbewohner durch Beimischung geeigneter Tabletten in die Nahrung schmerzlos sterben und nimmt statt ihrer doppelt so viele Kinder aus der Dritten Welt, die kurz vor dem Verhungern stehen, ins Heim auf.

Dass dieses Vorgehen von F – genau wie das Vorgehen von E in Fall 1 – mit dem Recht auf Leben der Heimbewohner völlig unvereinbar und aus diesem Grunde unzulässig ist, bedarf nach dem zu Fall 1 Ausgeführten keiner weiteren Begründung. Ich zitiere Fall 2 hier trotzdem, weil er noch einmal sehr gut verdeutlicht, in welch hohem Maße eine Handlung, die mit dem qualifizierten Lebensschutz des individuellen Lebensrechtes unvereinbar ist, gleichwohl dem schlichten Lebensschutz zustattenkommen kann. Natürlich dient F's Vorgehen in eindrucksvoller Weise dem Schutz des menschlichen Lebens allgemein und insgesamt. Kaum jemand würde ja wohl zögern, etwa von einem kenternden Ausflugsdampfer auf seine Segelyacht zur Rettung eher hundert Kinder als fünfzig Greise aufzunehmen. Denn dies erscheint, wenn auch vielleicht nicht unbedingt geboten, so doch mit Sicherheit erlaubt, da hier zum Zweck des allgemeinen Lebensschutzes *nicht* gegen irgendeines Menschen Recht auf Leben – das, wie gesagt, als Abwehrrecht verstanden werden muss – verstoßen wird.

Natürlich soll mit den obigen Ausführungen nicht gesagt sein, dass der schlichte Lebensschutz etwa rechtsethisch ohne Bedeutung ist oder dass er stets mit dem Lebensrecht in Konflikt geraten muss. Dass beides nicht der Fall ist, zeigt schon unser letztes Beispiel. Wie außerordentlich wichtig es gleichwohl ist, den qualifizierten Lebensschutz des Rechts auf Leben von dem schlichten Lebensschutz strikt zu unterscheiden, wird uns an verschiedenen Punkten dieser Abhandlung noch sehr deutlich werden.

Die ethischen Gründe für das (verfassungsrechtlich geschützte) Menschenrecht auf Leben werden wir in Kapitel 4, die ethischen Gründe für den (verfassungsrechtlich nicht geschützten) schlichten Schutz des menschlichen Lebens in Kapitel 6 im Einzelnen untersuchen. Im Übrigen werde ich im Folgenden, wenn ich den schlichten Lebensschutz meine, stellenweise auf den ausdrücklichen Zusatz »schlicht« verzichten. Die Begriffe »Lebensschutz« oder »Schutz des menschlichen Lebens« sollen im Folgenden stets im Sinn des schlichten Lebensschutzes – des Lebensschutzes, der nicht auf dem Lebensrecht basiert – verstanden werden.

Jeder Mensch hat nach unserer Verfassung also das Recht auf Leben. Wer aber gilt als »Mensch«? Wie ist dieser Begriff im Sinn unserer Verfassung zu verstehen? Eines erscheint sicher: Jedes Kind, jeder Jugendliche, jeder Erwachsene – gleichgültig, ob hell- oder dunkelhäutig, männlich oder weiblich, krank oder gesund, behindert oder nichtbehindert – ist ein Mensch. So viel ergibt sich eindeutig aus dem allgemeinen juristischen wie aus dem ganz gewöhnlichen, jedermann vertrauten Sprachgebrauch. Zählt aber auch der menschliche Embryo bereits als Mensch (bzw. als Kind)? Beginnt das Menschsein erst mit der Geburt oder bereits in einem Stadium der vorgeburtlichen Entwicklung? Dies ist die alles entscheidende Frage, von deren Beantwortung es abhängt, ob der menschliche Embryo ein Recht auf Leben hat und insofern den Schutz unserer Verfassung genießt.

Häufig wird diese Frage in der öffentlichen Diskussion in die Form gefasst »Wann beginnt menschliches Leben«? Dies ist jedoch in hohem Maße irreführend. Denn der Begriff »menschliches Leben« ist eigentlich ein biologischer (und kein juristischer) Begriff, dessen Verwendung keine besonderen Probleme aufwirft: Menschliches Leben beginnt sicher nicht erst mit der Geburt, ja nicht einmal erst mit der Befruchtung. Schon die menschliche Eizelle und die menschliche Samenzelle vor der Befruchtung stellen Formen menschlichen Lebens dar, die dann zur Existenz des Embryos führen. Niemand aber wird die menschliche Eizelle oder die menschliche Samenzelle deshalb als »Mensch« bezeichnen wollen. Und niemand vertritt die Position, dass menschliches Leben auch unabhängig von einer stattgefundenen oder mindestens bevorstehenden Befruchtung irgendeinen Schutz verdient.

Erst mit der Befruchtung wird aus dem menschlichen Leben von Ei- und Samenzelle, die ohne Befruchtung absterben, etwas Neues: ein eigenständiges Lebewesen, nämlich ein Angehöriger der Spezies »Homo sapiens« mit einem einmaligen genetischen Programm, das alle physischen und psychischen Eigenschaften, die dieses Lebewesen mit der Zeit, falls es am Leben bleibt, ausbilden wird, bereits anlagemäßig in sich enthält. Deshalb ist dieses Lebewesen, die befruchtete Eizelle, nicht mehr nur menschliches Leben, sondern ein menschliches Wesen oder menschliches Individuum. Auch der Begriff »menschliches Individuum« (dem ich den Vorzug geben möchte) soll im Folgenden – wie der Begriff »menschliches Leben« – im rein biologischen Sinn verwendet werden: Jeder Angehörige der Spezies »Homo sapiens«, gleichgültig welchen Alters, ist ein menschliches Individuum. Die entscheidenden Fragen lauten danach: Ist *jedes* menschliche Individuum, also auch der menschliche Embryo, ein »Mensch« sowohl im biologischen als auch im verfassungsrechtlichen wie moralischen Sinn des Wortes? Von welchem Zeitpunkt seiner Entwicklung an zählt das menschliche Individuum im umfassenden Sinn des Wortes auch als »Mensch«? Anders ausgedrückt: Entwickelt sich das menschliche Individuum schon von Beginn seiner vorgeburtlichen Existenz an »als Mensch«? Oder entwickelt sich das menschliche Individuum im Zeitraum seiner vorgeburtlichen Existenz noch »zum Menschen« und erst nach seiner Geburt »als Mensch«?

An dieser Stelle wollen wir noch eine weitere terminologische Festsetzung treffen. Wir wollen das menschliche Individuum von der Befruchtung bis zur Geburt, also im gesamten Zeitraum seiner vorgeburtlichen Existenz, als »Embryo« bezeichnen. Nach diesem Sprachgebrauch kann es also Embryonen sowohl »in vivo« (im Mutterleib) als auch »in vitro« (im Reagenzglas) und Embryonen sowohl im Alter von acht Wochen als auch im Alter von acht Monaten geben. Embryonen, die älter als etwa zwölf Wochen sind, wollen wir alternativ – in Anknüpfung an den üblichen Sprachgebrauch – auch als »Föten« bezeichnen.

In dieser Terminologie können wir unsere Fragen nun auch folgendermaßen formulieren: Ist der Embryo schon ein Mensch?

Oder ist der Embryo noch kein Mensch? Oder ist der Embryo vielleicht von einem bestimmten Zeitpunkt seiner Entwicklung an – etwa wenn er zum Fötus wird oder wenn er auch außerhalb des Mutterleibs auf Dauer überlebensfähig wäre – ein Mensch?

Unsere Verfassung enthält auf diese Fragen keine Antwort. Die Entstehung unserer Verfassung ist jedoch in dieser Hinsicht aufschlussreich. Im Hauptausschuss des Parlamentarischen Rates, der die Verfassung vorbereitete, wurde von einigen Abgeordneten der Antrag gestellt, den »Schutz« des Embryos ausdrücklich in den Verfassungstext aufzunehmen. Dieser Antrag wurde jedoch von der Mehrheit abgelehnt. Diese Mehrheit würde also die ausdrückliche Aufnahme eines »Rechts auf Leben« des Embryos in die Verfassung erst recht abgelehnt haben. Allerdings haben einige dieser Abgeordneten, die die Mehrheit bildeten, ihre Ablehnung gerade damit begründet, dass der Embryo ja ohnehin von Artikel 2 (»Jeder hat das Recht auf Leben«) erfasst werde.[8] Auch ohne weiter ins Detail zu gehen, muss man aus diesem Befund jedenfalls den Schluss ziehen, dass die Frage, ob dem Embryo das Menschenrecht auf Leben zusteht und er insofern »Mensch« ist, von den Abgeordneten unterschiedlich beantwortet worden ist, dass die gesuchte Antwort also alles andere als einfach oder selbstverständlich sein kann. (Selbst wenn sich eine Mehrheit unter diesen Abgeordneten in die eine oder in die andere Richtung noch heute definitiv feststellen lassen sollte, so wäre deren Auffassung für die heutige Auslegung unserer Verfassung sicher nicht rechtsverbindlich.)

Aufschlussreich ist neben diesem Blick auf die Entstehungsgeschichte unserer Verfassung auch der Blick auf die Verfassungen anderer Staaten – insbesondere solcher Staaten, die sich wie unser Staat der Tradition der Aufklärung und der Menschenrechte eng verpflichtet fühlen. Ein solcher Blick macht deutlich, dass weltweit Spanien und Irland die einzigen Staaten sind, deren Verfassungen einigermaßen unmissverständlich ein Lebensrecht des Embryos mit entsprechender staatlicher Schutzpflicht vorsehen.[9] Der Verfassungsgerichtshof Österreichs beispielsweise erklärte in seinem Abtreibungsurteil aus dem Jahr 1974 ausdrücklich, dass sich das Menschenrecht auf Leben »nicht auf das keimende Leben

8 Die Entstehungsgeschichte der Verfassung in der anstehenden Frage wird referiert von Roman Herzog in: *Juristische Rundschau* 23 (1969) S. 442.

9 Siehe Albin Eser/Hans-Georg Koch, *Schwangerschaftsabbruch im internationalen Vergleich,* Teil 3, Baden-Baden 1999, S. 131 ff.

erstreckt«.[10] Und was etwa die UN-Kinderkonvention von 1989 angeht, so sah sich auch die deutsche Bundesregierung im Hinblick auf ihren Artikel 6 (»Die Vertragsstaaten erkennen an, dass jedes Kind ein angeborenes Recht auf Leben hat«) zu der Feststellung genötigt, es könne »nicht angenommen werden, dass das Übereinkommen bindende Verpflichtungen zum Schutz ungeborenen Lebens begründet«[11]. Mit anderen Worten: Der Embryo ist nicht als »Kind« mit einem Lebensrecht im Sinn des Übereinkommens zu betrachten.

Schließlich sind auch noch einige Bestimmungen aus nichtverfassungsrechtlichen Bereichen unserer eigenen Rechtsordnung dazu angetan, die Zweifel an einer einfachen Lösung unseres Problems zu verstärken. So beginnt nach § 1 Bürgerliches Gesetzbuch, das der Regelung des Zivilrechts dient, die »Rechtsfähigkeit« des Menschen – und damit sein »Menschsein« – ausdrücklich erst mit der Geburt. Und nach den Normen unseres Strafgesetzbuches (§§ 211ff.), die die so genannten »Straftaten gegen das Leben« betreffen, besteht unter Juristen nicht der geringste Zweifel daran, dass der Embryo nicht als »Mensch« im Sinn der Tötungsdelikte (»Wer einen Menschen tötet«) betrachtet werden kann. Wer beispielsweise bei einem Verkehrsunfall in fahrlässiger Weise eine ersichtlich schwangere Frau verletzt und dabei ihren Embryo tötet, wird zwar wegen fahrlässiger Körperverletzung der Frau, nicht aber auch wegen fahrlässiger Tötung des Embryos bestraft. Zum Schutz des Embryos gibt es bekanntlich spezielle Delikte des »Schwangerschaftsabbruchs«, in denen das Wort »Mensch« überhaupt nicht vorkommt. Wenn man diese Delikte etwa ersatzlos streichen würde, so wäre der Embryo strafrechtlich völlig schutzlos, da er eben nicht unter die gewöhnlichen Tötungsdelikte fällt. Es kann also, strafrechtlich betrachtet, nicht sein »Menschsein« sein, das dem Embryo gegenwärtig durch die Abtreibungsregelung einen gewissen Schutz gewährt.

Der Embryo gilt demnach, was in der Diskussion unserer Fragestellung selten gewürdigt wird, weder als »Mensch« im Sinne unseres Zivilrechts noch unseres Strafrechts. Ist er trotzdem als »Mensch« im Sinne unserer Verfassung anzusehen? Dies ist nicht ausgeschlossen, da die verfassungsrechtliche Bedeutung eines

10 *Juristische Blätter* 97 (1975) S. 313.

11 Der Bundesminister für Frauen und Jugend (Hrsg.), *Übereinkommen über die Rechte des Kindes*, Düsseldorf 1993, S. 29.

Begriffs mit seiner zivilrechtlichen oder seiner strafrechtlichen Bedeutung nicht unbedingt zusammenfallen muss. Trotzdem zeigt uns auch dieser Befund aus wichtigen Bereichen unserer Rechtsordnung, dass es durchaus nicht selbstverständlich ist, dem Embryo den Status eines Menschen im Sinn unserer Verfassung zuzusprechen.

Nun hat der Begriff »Mensch« ja nicht nur eine biologische und eine (im Sinne dieses oder jenes Rechtsbereichs) juristische Bedeutung. Er hat vor allem auch eine alltagssprachliche Bedeutung, die jedem von uns geläufig ist. Und auch diese Bedeutung ist für die Auslegung von Artikel 2 unserer Verfassung prinzipiell nicht ohne Relevanz. Verwenden wir den Begriff »Mensch« normalerweise also unter Einschluss oder unter Ausschluss des menschlichen Embryos?

Wenn wir diese Frage vorurteilsfrei untersuchen, machen wir eine interessante Erfahrung. Der Sprachgebrauch von »Mensch« ist in diesem Punkt in unserer Gesellschaft uneinheitlich. Während die Befürworter eines Lebensrechts des Embryos bzw. die strikten Gegner freier Abtreibung vom Embryo durchaus als von einem »Menschen« (oder einem »Kind«) sprechen, lehnen die Gegner dieser Position eine solche Redeweise in aller Regel ab. Hierfür aber gibt es offenbar nur eine einzige plausible Erklärung. Die ethisch-normative Einstellung der betreffenden Bürger ist hier nicht etwa die Folge einer bestimmten sprachlich-terminologischen Präferenz. Sondern es verhält sich gerade umgekehrt: Die sprachlich-terminologische Präferenz ist Folge einer bestimmten ethisch-normativen Einstellung. *Weil* Herr Meier vom Lebensrecht des Embryos überzeugt ist, bezeichnet er den Embryo als Menschen; und *weil* Frau Müller nicht vom Lebensrecht des Embryos überzeugt ist, bezeichnet sie den Embryo nicht als Menschen.

Der Begriff »Mensch« wird also in der Alltagssprache üblicherweise immer schon in einem normativ aufgeladenen Sinn verwendet. Als »Mensch« bezeichnen wir gewöhnlich dasjenige Wesen oder Individuum, das erstens im biologischen Sinn ein menschliches Individuum ist und dem zweitens nach unserer Auffassung die Menschenrechte (wie das Recht auf Leben) zustehen. Da wir aber ausnahmslos der Auffassung sind, dass jedenfalls jedem geborenen menschlichen Individuum die Menschenrechte zustehen, besteht auch völlige Übereinstimmung in unserer Gesellschaft darin, jedes solche Individuum als »Mensch« zu bezeichnen. Und da andererseits die Frage nach den Menschenrechten des Embryos unter uns umstritten ist, folgen wir insoweit auch einem unterschiedlichen Sprachgebrauch.

Auch unsere Alltagssprache gibt uns also keinen entscheidenden Hinweis darauf, wie wir Artikel 2 unserer Verfassung, was das Lebensrecht des Embryos angeht, auszulegen haben. Sie verweist uns vielmehr zu diesem Zweck auf unsere normative Einstellung. Man könnte unter diesen Umständen nun einfach so verfahren, dass man die Auslegung von Artikel 2 nach der Einstellung der Mehrheit der Bevölkerung vornimmt. Das würde dann vermutlich dazu führen, dass dem Embryo kein Lebensrecht zugeschrieben wird. Denn die Mehrheit dürfte im Regelfall kaum dazu tendieren, den Embryo als »Mensch« zu bezeichnen. So würden vermutlich nur wenige Bürger auf den Gedanken kommen, etwa nach einem Verkehrsunfall, bei dem zwei Männer und eine schwangere Frau nebst ihrem Embryo ums Leben kamen, zu sagen: »Der Unfall forderte das Leben von vier Menschen.« Und auch die geltende Abtreibungsregelung in unserem Land zeigt (wie wir im nächsten Kapitel im Einzelnen noch sehen werden), dass der Normalbürger in unserer Gesellschaft nicht von einem Lebensrecht des Embryos überzeugt ist.

Eine solche Orientierung an der Mehrheitsmeinung in einer derart zentralen Frage wie der des Lebensrechts wäre jedoch aus mindestens zwei Gründen äußerst unbefriedigend. Zum einen ist nicht auszuschließen, dass die Mehrheitsmeinung in einer bestimmten Frage unaufgeklärt, ja irrational ist. Die Aufgabe einer philosophisch-ethischen Untersuchung besteht aber gerade darin, auch Mehrheitsmeinungen in normativen Grundsatzfragen kritisch zu hinterfragen. Zum zweiten hat in der hier zur Debatte stehenden Frage unser höchstes deutsches Gericht, das Bundesverfassungsgericht, ganz unbeeinflusst von dem Normalbürger entschieden. Es hat nämlich in seinem Urteil zur Abtreibungsfrage aus dem Jahr 1993[12] (unter Berufung auf sein früheres einschlägiges Urteil aus dem Jahr 1975[13]) ausdrücklich erklärt, bereits der Embryo müsse als »Mensch« im Sinne von Artikel 1 wie auch Artikel 2 unserer Verfassung angesehen werden und deshalb als Träger der Menschenwürde und des Menschenrechts auf Leben gelten. Einer näheren Betrachtung dieses Urteils und seiner besonderen Problematik wollen wir uns nun zuwenden.

12 *Entscheidungen des Bundesverfassungsgerichts,* Bd. 88, S. 203 ff.
13 Ebd., Bd. 39, S. 1 ff.

# 3
# Die Abtreibungsregelung und das Menschenrecht auf Leben

Das eigentlich Bemerkenswerte an dem genannten Abtreibungsurteil unseres obersten Gerichts ist weniger die Tatsache als solche, dass das Gericht den Embryo als »Mensch« im Sinne der Verfassung einstuft. Auf dem Hintergrund meiner bisherigen Ausführungen kann man diese Einstufung vielleicht als überraschend, aber keineswegs als abwegig oder offenkundig falsch bezeichnen. Wirklich bemerkenswert an dem Urteil sind jedoch die folgenden beiden Umstände. Zum ersten ist es die Begründung, die das Gericht für seine Einstufung gibt bzw. nicht gibt. Und zum zweiten ist es die Tatsache, dass das Gericht diese Einstufung des Embryos als »Mensch« mit unserer derzeit geltenden Abtreibungsregelung für vereinbar hält.

Da die Frage nach dem Menschsein des Embryos in rein juristischer Betrachtung, wie wir sahen, unentscheidbar ist und deshalb eine ethische Argumentation erfordert, hätte man erwarten können, dass das Gericht auf dieser ethischen Ebene seine Entscheidung sorgfältig begründet. Eine solche Begründung aber sucht man in dem gesamten Urteil vergeblich. Das Gericht vermittelt dem Leser, der mit der Problematik nicht vertraut ist, vielmehr den Eindruck, als sei die Grundannahme, wonach dem Embryo als »Mensch« das Menschenrecht auf Leben zusteht, die selbstverständlichste Sache der Welt und über jeden Zweifel erhaben. Diese Unterstellung aber ist, wie wir sahen, definitiv falsch. Wir werden deshalb die Kernfrage, ob dem Embryo tatsächlich das Menschenrecht auf Leben zusteht, im nächsten Kapitel zum Gegenstand einer eigenen, eingehenden ethischen Erörterung machen. In diese Erörterung wird dann der Sache nach auch jener Ansatz zu einer Begründung eingehen, den das Gericht in seinem ersten Abtreibungsurteil aus dem Jahr 1975 immerhin erkennen lässt.

Ausgesprochen ausführlich behandelt das Gericht in seinem neueren, hier zur Debatte stehenden Abtreibungsurteil dagegen die Frage, inwieweit und aus welchen Gründen die Einstufung des Embryos als »Mensch« mit unserer derzeit geltenden Abtreibungsregelung vereinbar ist. Im Folgenden möchte ich im Einzelnen zeigen, dass sämtliche Argumentationen für eine Vereinbarkeit, die vom

Gericht oder auch von anderer Seite bis heute vorgebracht worden sind, als gescheitert betrachtet werden müssen, ja dass zwischen der Annahme des Menschenrechts auf Leben für den Embryo und unserer Abtreibungsregelung ein eklatanter, unüberbrückbarer Widerspruch besteht.

Wir sahen schon in Kapitel 2, dass das Menschenrecht auf Leben jedem, der es besitzt, einen qualifizierten, das heißt sowohl individuellen als auch besonders strikten Lebensschutz gewährt. Als wie strikt aber muss dieser Lebensschutz im Einzelnen verstanden werden? Darf jemand, der ein Recht auf Leben hat, unter keinen denkbaren Umständen getötet werden? Gilt das aus dem Recht auf Leben abgeleitete Tötungsverbot also ohne jede Ausnahme?

Diese Frage ist nach allgemeiner (rechtlicher wie ethischer) Auffassung eindeutig zu verneinen. Die Verneinung dieser Frage steht auch im Einklang mit Artikel 2 unserer Verfassung, der einen Eingriff in das Recht auf Leben aufgrund eines Gesetzes ausdrücklich nicht ausschließt. Hieraus darf man aber nicht den Schluss ziehen, dass jeder beliebige Eingriff aufgrund eines Gesetzes mit dem Recht auf Leben tatsächlich vereinbar wäre. Insofern ist es völlig unzureichend, wenn zur Rechtfertigung der geltenden Abtreibungsregelung gelegentlich einfach darauf hingewiesen wird, dass das Recht auf Leben Ausnahmen zulässt. Wenn der Gesetzgeber etwa anordnen würde, dass man Kleinkinder, die für ihre Eltern eine psychische Belastung darstellen, töten darf, so wäre dies mit dem Recht auf Leben dieser Kinder sicher nicht vereinbar. Wir müssen also im Einzelnen prüfen, welche allgemeinen Ausnahmen vom Tötungsverbot in unserer Rechtsordnung seit je anerkannt und zudem rechtsethisch vertretbar sind.

Die wichtigste Ausnahme ist die Notwehrvorschrift des § 32 Strafgesetzbuch. Danach darf man einen Menschen töten, wenn man nur so »einen gegenwärtigen rechtswidrigen Angriff von sich oder einem anderen« abwenden kann. Man braucht also im Konfliktfall das Leben des Aggressors nicht eigenen Rechtsgütern vorzuziehen. Was folgt aus dieser Vorschrift für die Konfliktlage der Schwangeren, die von ihrem Embryo befreit sein möchte? Es folgt absolut gar nichts; denn es ist nicht möglich, den Embryo als ein Individuum anzusehen, das einen »rechtswidrigen Angriff« unternimmt. Nur das bewusste und willentliche Verhalten eines Menschen kann überhaupt einen »rechtswidrigen Angriff« darstellen. Zu einem derartigen Verhalten aber ist der Embryo aufgrund seiner aktuellen Fähigkeiten nicht in der Lage (abgesehen davon, dass man seine Existenz im Mutterleib kaum als »rechtswidrig« würde bezeichnen können). Eine Notwehrtötung kommt deshalb ihm gegenüber – nicht anders als nach juristischer Betrachtung auch einem Tier gegenüber – von vornherein nicht in Betracht.

Das Beispiel der Bedrohung durch ein Tier macht freilich deutlich, dass eine Abwehrtötung jedenfalls in *diesem* Fall gleichwohl im Ergebnis legitim sein muss. Es wäre absurd, wenn man die Attacke etwa eines Löwen oder eines Bären, obschon im Besitz einer Pistole, tatenlos hinnehmen müsste. Und in der Tat enthält unsere Rechtsordnung mit § 228 Bürgerliches Gesetzbuch eine generelle Notstandsvorschrift, aus der sich die Zulässigkeit der Tötung in diesem Fall ergibt. Diese Vorschrift führt nämlich (in Verbindung mit § 90a Bürgerliches Gesetzbuch) dazu, dass man ein Tier im Fall einer Attacke jedenfalls immer dann töten darf, wenn man nur so die durch das Tier drohende Gefahr für ein Rechtsgut abwenden kann und wenn außerdem der dadurch angerichtete »Schaden nicht außer Verhältnis zu der Gefahr steht«. Diese letztere Bedingung ist im Fall einer drohenden Tötung des attackierten Menschen natürlich stets erfüllt. (Sie ist beispielsweise nicht erfüllt, wenn ein Hund bloß eine Bratwurst aus meinem Einkaufsnetz aufzufressen droht.)

Zurück zum Embryo. Natürlich ist der Embryo nicht gleichzusetzen mit einem Tier. Trotzdem können wir den Grundgedanken des § 228 Bürgerliches Gesetzbuch auf den Embryo insofern in analoger Weise anwenden, als auch der Embryo im Fall einer unerwünschten Schwangerschaft eine Art von Bedrohung (für die Schwangere) darstellt. Der Unterschied zwischen Embryo und Tier steht einer solchen analogen Anwendung auch deshalb nicht im Wege, weil die genannte Vorschrift, wie wir sahen, in ihren Rechtsfolgen ja ganz allgemein auch auf die Schwere des durch die Tötung angerichteten »Schadens« abstellt, die je nach dem geschädigten Rechtsgut (Embryo oder Tier) natürlich eine andere sein wird.

Wir wollen diesen generellen Grundgedanken unseres Rechts, der auch in ethischer Hinsicht kaum angreifbar erscheint, nun auf die Abtreibung anwenden. Steht der in der Tötung des Embryos liegende Schaden »nicht außer Verhältnis zu der Gefahr«, die für die Frau in der Fortsetzung ihrer Schwangerschaft liegt? Genau diese Bedingung muss erfüllt sein, damit die Abtreibung als zulässig gelten kann.

Ganz sicher ist die Bedingung dann erfüllt, wenn für die Frau das eigene Leben auf dem Spiel steht. Man kann auch einiges dafür sagen, dass die geforderte Verhältnismäßigkeit selbst dann noch gewahrt ist, wenn der Frau ein schwerer, dauerhafter Gesundheitsschaden durch die Fortsetzung der Schwangerschaft droht. (Beide Konstellationen kommen bei dem heutigen Stand der Medizin in unseren Breiten freilich kaum noch vor.)

Wie aber ist der Standardfall der Abtreibung in unserer heutigen Gesellschaft zu beurteilen? Eine Frau treibt ihren Embryo ab, weil sie überhaupt keine Kinder haben will; weil sie bereits zwei Kinder hat und kein weiteres Kind haben will; weil sie, bevor sie Kinder hat, erst ihre Ausbildung abschließen will; weil sie, bevor sie Kinder hat, erst noch einige Jahre »das Leben genießen« will; weil sie mit einem bzw. einem weiteren Kind ihren gegenwärtigen Lebensstandard einschränken müsste; weil ihr derzeitiger Partner, der nicht der Erzeuger des erwarteten Kindes ist, sie sonst verlassen würde; weil das Kind, das sie erwartet, eine Behinderung haben würde; und so weiter.

In allen diesen und vielen ähnlichen Fällen muss man mit Sicherheit sagen, dass der Tod des Embryos, der voraussetzungsgemäß als Mensch mit einem eigenen Lebensrecht zu gelten hat, ganz außer Verhältnis steht zu dem, was der Frau durch das Austragen des ihr unerwünschten Kindes an Belastungen, Beschwernissen und Unannehmlichkeiten droht. Wer dies nicht zugestehen möchte, hat offensichtlich nicht verstanden, was es bedeutet, dass ein bestimmtes Individuum ein »Mensch mit einem eigenen Lebensrecht« ist. (Man vergleiche hierzu im Einzelnen die Ausführungen in Kapitel 2.) Man könnte in diesem Zusammenhang zwar noch unterscheiden zwischen den Belastungen usw. vor und nach der Geburt. Aber auch die letzteren Belastungen, wenngleich auf Dauer viel gravierender als die ersteren, sind sicherlich nicht ausreichend, um das Lebensrecht eines Menschen aus dem Feld zu schlagen. Sonst müsste man einer Frau, der ihr *geborenes* Kind aus einem der genannten Gründe unerwünscht ist, ja auch gestatten, es zu töten. Dies aber wird in unserer Gesellschaft – selbst im Fall eines schwer behinderten Kindes – wohl niemand ernsthaft fordern wollen. Und was die eventuell vorhandene Möglichkeit betrifft, ein geborenes Kind, falls unerwünscht, adoptieren zu lassen, so besteht diese Möglichkeit bei einem ungeborenen Kind – vom Zeitpunkt der Geburt an – prinzipiell genauso.

Wenn gelegentlich gesagt wird, die Konfliktsituation der

Schwangeren, die abtreiben will, sei »unvergleichlich« (und insofern an vorhandenen allgemeinen Maßstäben nicht zu messen), so ist dies eine bloße Phrase. Ebenso gut könnte man beispielsweise sagen, die Konfliktsituation einer Frau, die ihre Schwiegermutter umbringt, mit der sie unter einem Dach leben muss und von der sie sich drangsaliert fühlt, sei »unvergleichlich«. Man kann alles mit jedem vergleichen – unter einem jeweils vorausgesetzten, beiden Ereignissen oder Objekten gemeinsamen Aspekt. So kann man ohne weiteres zum Beispiel einen Menschen mit einem Felsbrocken vergleichen – unter dem Aspekt ihres Gewichts. Selbstverständlich aber kann man die Tötung eines Embryos mit anderen Tötungen in Konfliktsituationen vergleichen – unter dem Aspekt dessen, was für das Opfer auf der einen und für den Täter auf der anderen Seite auf dem Spiel steht und Berücksichtigung verdient.

Es ist nicht bestreitbar: Die bloße »Selbstbestimmung« einer Frau kann gegenüber dem Lebensrecht eines anderen Menschen in keinem Fall Vorrang haben. Eine Abtreibung auf Wunsch der Frau kann – unter der Voraussetzung, dass Embryonen Menschen sind – nur dann als zulässig betrachtet werden, wenn für sie eine strikt medizinische Indikation im genannten Sinne vorliegt.

Dieses Ergebnis kann man auch nicht mit der These aus den Angeln heben, eine Abtreibung ohne besondere Indikation sei durchaus vereinbar mit jenem Lebensrecht, wie es speziell dem Embryo – anders als dem geborenen Menschen – zustehe, nämlich einem »abgestuften« Lebensrecht. Die Konstruktion verschiedener Stufen des Menschenrechts auf Leben ist weder in verfassungsrechtlicher noch in philosophisch-ethischer Hinsicht irgendwie begründbar und bislang als allgemeine Forderung auch nirgendwo vertreten worden. Die Einwände gegen eine derartige Konstruktion wären in der Tat zu offenkundig. Zwar könnte man zu argumentieren suchen, der Embryo sei ein noch in der Entwicklung befindlicher Mensch. Aber auch Kinder sowie Jugendliche sind noch in der Entwicklung befindliche Menschen. Will man auch sie mit einem zwar im Vergleich mit Embryonen höherrangigen, im Vergleich mit Erwachsenen aber bloß »abgestuften« Lebensrecht (mit den entsprechenden Konsequenzen) abspeisen? Im Fall des Menschenrechts auf Leben gibt es nur ein alles oder nichts.

Das Konzept des abgestuften Lebensrechts ist nichts anderes als eine misslungene Ad-hoc-Konstruktion zum Zweck der Legitimation von Abtreibungen. In Wahrheit ist ein so genanntes »abgestuftes« Lebensrecht des Embryos gar kein Lebensrecht, sondern allenfalls die Forderung eines schlichten Lebensschutzes und insofern mit der Prämisse, dass der Embryo im verfassungsrechtlichen Sinn ein Mensch ist, unvereinbar. Wieweit dem Embryo aber ein Lebensschutz ohne Menschenrecht auf Leben zusteht, werden wir in Kapitel 6 noch untersuchen.

Meine bisherigen Ausführungen zur Vereinbarkeit von Abtreibung und Recht auf Leben sind zwar weit detaillierter als die entsprechenden Ausführungen des Bundesverfassungsgerichts, stehen zu diesen aber nicht in nennenswertem Widerspruch. Auch das Gericht stellt in aller Deutlichkeit fest, dass das Selbstbestimmungsrecht der Schwangeren dem Recht auf Leben des Embryos nachgeordnet ist und dass deshalb jede Abtreibung ohne Vorliegen einer speziellen Indikation als unzulässiger Verstoß gegen die Rechtsordnung betrachtet werden muss: Jede nicht indizierte Abtreibung ist rechtswidrig und verboten.

Wie aber verträgt sich diese Feststellung mit der gegenwärtig bei uns geltenden Abtreibungsregelung des § 218a Strafgesetzbuch? Wenn wir uns diese Abtreibungsregelung in ihrem Kern vor Augen führen, müssen wir zunächst eine wichtige Unterscheidung treffen: die Unterscheidung zwischen Frühabtreibung (Abtreibung während der ersten zwölf Wochen seit der Empfängnis) und Spätabtreibung (Abtreibung ab der dreizehnten Woche seit der Empfängnis). Derzeit gilt für die Frühabtreibung eine Fristenregelung mit Beratungspflicht und für die Spätabtreibung eine ganz bestimmte Indikationsregelung. Beide Regelungen sind unter Voraussetzung eines Lebensrechts des Embryos sehr problematisch. (Vom Sonderfall der ohne Beratung zulässigen Frühabtreibung nach einer Vergewaltigung sei im Folgenden abgesehen.)

In ganz besonderer Weise trifft dies auf die Fristenregelung der Frühabtreibung zu. Diese Regelung besagt, dass jede beliebige Frühabtreibung nach vorausgegangener Beratung für den abtreibenden Arzt wie für die abtreibungswillige Schwangere straffrei ist. Wie ist diese Regelung im Hinblick auf die obigen Ausführungen mit dem Lebensrecht des Embryos zu vereinbaren?

Das Bundesverfassungsgericht beantwortet diese Frage so: Die Frühabtreibung ist und bleibt zwar rechtswidrig und unzulässig. Trotzdem aber braucht sie nicht bestraft zu werden. Wir dürfen nämlich davon ausgehen, dass die für die Schwangere bestehende Beratungspflicht das ungeborene Leben, also die Embryonen, in ihrer Gesamtheit, im realen Leben wirkungsvoller schützt als eine staatliche Bestrafung. Aus diesem Grund lässt sich, so das Gericht, die Straflosigkeit der rechtswidrigen Frühabtreibung mit dem Lebensrecht des Embryos unter einen Hut bringen.

Es ist im Kern genau diese Begründung für die Straflosigkeit der Frühabtreibung, die seit Jahren von der großen Mehrheit unserer Politiker, Kirchenführer, Rechtsgelehrten, Ärztefunktionäre, Medizinethiker, Journalisten und sonstigen im Blickpunkt der Öffentlichkeit stehenden Persönlichkeiten unermüdlich und fast gebetsmühlenartig bei jeder sich bietenden Gelegenheit wiederholt wird: »Strafe bewirkt nichts zum Schutz des ungeborenen Lebens.« Trotzdem kann man mit relativ einfachen Mitteln zeigen, dass diese Begründung nicht stichhaltig ist. Verschiedene Gesichtspunkte sprechen entscheidend gegen sie.

Zunächst einmal ist jedenfalls die Annahme, dass eine Bestrafung der Abtreibung ohne *jede* Schutzwirkung ist, höchstwahrscheinlich falsch. Wenn sich aus Furcht vor Strafe kaum noch Ärzte fänden, die auf medizinisch einwandfreie Art eine Abtreibung durchführen, würde wohl kaum *jede* abtreibungswillige Frau, die einen solchen Arzt nicht finden kann, eine sowohl strafbare als auch für sie gefährliche Abtreibung vornehmen bzw. vornehmen lassen. Sicher würden unter diesen Umständen Frauen häufiger Gesundheitsschäden als Folge einer Abtreibung davontragen als unter den gegenwärtigen Bedingungen. Diese Schäden aber hätten sie sich – als Folge ihrer illegalen, strafbaren Tötungshandlungen – selbst zuzuschreiben. Sie hätten sich doch auch die Strafe, die im Fall einer Entdeckung auf sie wartet, selber zuzuschreiben. Dass eine Straftat dem Täter Nachteile bringt, kann vom Standpunkt dessen, der die Tat verhindern möchte, aus Abschreckungsgesichtspunkten eigentlich nur erwünscht sein. Im Übrigen wäre eine strafbare Abtreibung keineswegs die einzige Deliktart in unserem Strafgesetzbuch, bei der die Aufklärungsquote und damit die Abschreckungswirkung relativ gering ist.

Wenn in diesem Zusammenhang gesagt wird, man könne das ungeborene Leben nicht gegen den, sondern nur mit dem Willen der Schwangeren schützen, so ist auch dies nur eine Phrase. Auch eine Frau, der in concreto eine Vergewaltigung droht, kann man durch die Bestrafung von Vergewaltigungen nicht gegen den Willen des betreffenden Mannes schützen. Und auch im Fall von Vergewaltigungen ist die tatsächliche Abschreckungswirkung der Strafbarkeit wohl nicht sehr groß: Die allermeisten Männer würden auch ohne Strafbarkeit keine Frau vergewaltigen. Und die meisten Männer, die eine Vergewaltigung begehen möchten, lassen sich vermutlich auch durch die bestehende Strafbarkeit nicht davon abhalten. Würde deshalb jemand auf den Gedanken kommen, die Strafbarkeit der Vergewaltigung abzuschaffen?

Aus alledem folgt freilich nicht, dass unsere Beratungsregelung (Fristenregelung mit Beratungspflicht) der Abtreibung einer Bestrafungsregelung nicht doch, was ihre Schutzwirkung für das ungeborene Leben angeht, überlegen sein könnte. Die vorliegenden Zahlen aus den vergangenen Jahren weisen jedoch nicht in diese Richtung. Es ist auch von vornherein recht unwahrscheinlich, dass sich durch eine Beratung mehr Menschen von einer Handlung, die sie vorhaben, abbringen lassen als durch die Androhung einer Bestrafung. Es ist wohl kaum ein Zufall, dass die Ersetzung von Bestrafung durch Beratung im Fall der Abtreibung bislang ein absolutes Unikum in unserem Strafgesetzbuch geblieben ist. Außerdem wären jene Erfolge für den Lebensschutz, die sich tatsächlich der Beratungsregelung verdanken, vermutlich auch durch eine (freiwillige und anonyme) Form der Beratung zu erreichen, die eine notwendige Bestrafungsregelung in ihrer Schutzwirkung ergänzen könnte.

Dass unser Gesetzgeber im Grunde selber von der Überlegenheit der Beratungsregelung nicht sehr überzeugt ist, geht schon daraus hervor, dass er diese Regelung, wie wir sahen (vgl. S. 40), nur für die Frühabtreibung, nicht aber für die Spätabtreibung erlassen hat. Wenn die Beratungsregelung im Fall der Frühabtreibung das ungeborene Leben tatsächlich wirkungsvoller schützt, warum dann nicht auch im Fall der Spätabtreibung? Und wieso kann man den Embryo ab der dreizehnten Lebenswoche plötzlich doch mit strafrechtlichen Mitteln »gegen den Willen« der Schwangeren schützen? Wieso ist jene geheimnisvolle »Einheit in Zweiheit-Beziehung« zwischen Schwangerer und Embryo, die ebenfalls im Fall der Frühabtreibung als Argument gegen eine Bestrafungsregelung herhalten muss, im späteren Stadium der Schwangerschaft plötzlich von der Bildfläche verschwunden?

All diese Gesichtspunkte lassen eigentlich nur einen einzigen Schluss zu: Unser Gesetzgeber und das Bundesverfassungsgericht wie ein Großteil der öffentlichen Meinung sind nicht wirklich davon überzeugt, dass dem Embryo im Frühstadium dasselbe Recht auf Leben zusteht wie dem Embryo im Spätstadium oder gar wie dem menschlichen Individuum nach der Geburt. Da es aber nur eine Art von Recht auf Leben gibt, heißt dies: Sie sind nicht wirklich davon überzeugt, dass dem Embryo im Frühstadium überhaupt ein Recht auf Leben zusteht. Da man sich und anderen diese Tatsache einzugestehen aber nicht bereit ist, erfindet man zur Rechtfertigung der Fristenregelung die abenteuerlichsten Rationalisierungen, die in einem vergleichbaren, jedoch weltanschaulich unbelasteten Kontext niemand ernst nehmen würde.

Mit alledem aber haben wir das Hauptargument gegen die Vereinbarkeit der geltenden Regelung der Frühabtreibung mit einem Lebensrecht des Embryos überhaupt noch nicht berührt. Es ist wichtig, sich dieses Argument, das unsere führenden Politiker und Juristen regelmäßig totschweigen, in seiner ganzen Tragweite klarzumachen. Nehmen wir kontrafaktisch einmal an, die geltende Beratungsregelung der Frühabtreibung würde im Ergebnis sogar doppelt so viele Embryonen vor einer Abtreibung bewahren wie eine mögliche Bestrafungsregelung. Selbst unter dieser Voraussetzung liegt in der Beratungsregelung ein eklatanter Verstoß gegen das Lebensrecht jedes einzelnen getöteten Embryos. Wieso ist diese auf den ersten Blick paradox klingende Behauptung gleichwohl richtig?

Das Modell der Beratung ist, um in der Praxis überhaupt nur irgendwie zu funktionieren, auf die folgende Voraussetzung angewiesen: Der im konkreten Fall zur Abtreibung bereite Arzt und die Schwangere müssen davon ausgehen können, dass sie die geplante Abtreibung *ungehindert* durchführen können. Kein seriöser Arzt würde eine Abtreibung in Angriff nehmen, wenn er unmittelbar vor oder während seiner Tätigkeit ohne weiteres von irgendwelchen »Lebensschützern« oder gar von einer staatlichen Instanz mit Gewalt an dieser Abtreibung gehindert werden könnte. Ja, unter dieser Voraussetzung würden zu einer Abtreibung entschlossene Frauen erst gar nicht die geforderte Beratung über sich ergehen lassen, sondern gleich zum »Kurpfuscher«, zur »Engelmacherin« oder ins Ausland reisen. Das Beratungsmodell kann seine Funktion in der Realität also überhaupt nur dann erfüllen, wenn die mit dem Beratungsschein ausgestattete Schwangere und ihr Arzt die Sicherheit besitzen, die gewollte Abtreibung auch wirklich durchführen zu können.

Gerade diese Voraussetzung aber ist unter der oben angeführten Annahme des Gerichts, jede nicht-indizierte Abtreibung bleibe ein unzulässiger Verstoß gegen unsere Rechtsordnung und somit rechtswidrig, definitiv nicht erfüllbar. Denn die Qualifikation eines Angriffs auf das menschliche Leben als »rechtswidrig« hat nach unserer Rechtsordnung normalerweise schwerwiegende Konsequenzen. Nach § 32 Strafgesetzbuch darf dem Angegriffenen jedermann Nothilfe leisten, das heißt, notfalls mit Gewalt – bis hin zur Tötung des Aggressors – den Angriff von dem Opfer abwenden. Mit anderen Worten: Jeder beliebige »Lebensschützer« darf seinerseits den abtreibenden Arzt töten, wenn er nur so die Tötung des Embryos durch den Arzt verhindern kann. Die Polizei aber *muss,* wenn sie von der drohenden Abtreibung Kenntnis erhält, sogar in dieser Weise vorgehen. Denn es ist Aufgabe der Polizei, Gefahren für die öffentliche Sicherheit und Ordnung und damit auch für die durch Normen der Verfassung geschützten individuellen Rechtsgüter wie das Leben abzuwehren. Es ist wichtig zu betonen, dass dieses Nothilferecht des Bürgers bzw. diese Schutzpflicht der Polizei unabhängig davon bestehen, ob der betreffende Angriff auf das Leben unter Strafe steht oder nicht. Seine bloße Rechtswidrigkeit reicht aus.

Nach alledem könnte die geltende Beratungsregelung schon vom Konzept her eigentlich nur als sinnlos angesehen werden. In Wahrheit sind in unserer Gesellschaft jedoch Hilfsaktionen der genannten Art für den Embryo in der Vergangenheit nicht bekannt geworden. Dies liegt daran, dass das Bundesverfassungsgericht die hier dargestellten Zusammenhänge rechtzeitig erkannt und ihrer Realisierung in seinem Urteil vorgebeugt hat. Das Gericht hat nämlich ausdrücklich erklärt, es sei, was die Nothilfesituation des Embryos angeht, »davon abzusehen, den nach Beratung vorgenommenen Schwangerschaftsabbruch, obwohl er nicht gerechtfertigt ist, als Unrecht zu behandeln«. Auf diese Weise hat das Gericht erreicht, dass die Voraussetzungen gewaltsamer Hilfsaktionen für den Embryo entfallen, da seine Tötung gar nicht als rechtswidrig »zu behandeln« ist. Rechtswidrig – und somit durch Polizei und hilfsbereite Bürger zu verhindern – ist nunmehr konsequenterweise die betreffende, gegen die Tötung des Embryos gerichtete Hilfsaktion!

Dieses Manöver des Gerichts erweist sich somit zwar als zweckmäßig im Sinne der Beratungsregelung – aber um einen sehr hohen Preis. Die Tötung des Embryos wird zwar weiterhin, worauf das Gericht in seinem Urteil zuvor ja großen Wert gelegt hat, als Unrecht und als rechtswidrig *bezeichnet;* sie ist aber keineswegs als rechtswidrig zu behandeln. Damit aber ist die Behauptung der verbleibenden »Rechtswidrigkeit« zu einem reinen Lippenbekenntnis ohne Folgen für die Wirklichkeit geworden.

Man betrachte zum Vergleich dieses Beispiel. Rechtspolitikerin

G macht zum besseren Schutz ihrer Geschlechtsgenossinnen vor männlicher sexueller Gewalt den folgenden Reformvorschlag: Da man zu sexueller Gewaltanwendung bereite Männer ohnehin nicht von ihrem Vorhaben abbringen kann, sollte man wenigstens den Kreis der betroffenen Frauen möglichst klein halten – und zwar auf folgende Weise. Man erklärt sexuelle Gewalt gegenüber Prostituierten für straffrei, so dass die Männer einen gewissen Anreiz haben, gewöhnliche Frauen unbehelligt zu lassen. Dies kann natürlich nur dann funktionieren, wenn gewaltbereite Männer nicht zu befürchten brauchen, von den Prostituierten bzw. ihren Beschützern oder gar der Polizei durch (rechtmäßig ausgeübte) Gegengewalt an ihrem Tun gehindert zu werden. Deshalb ist es erforderlich, sexuelle Gewalt gegenüber Prostituierten nicht nur für straffrei zu erklären, sondern gleichzeitig anzuordnen, dass diese Gewalt in der Praxis nicht »als Unrecht zu behandeln« ist. Damit in unserer Gesellschaft jedoch auch weiterhin sexuelle Gewalt gegenüber jedermann verpönt bleibt und nicht der Eindruck entsteht, gewissen Menschen würde das Recht auf sexuelle Selbstbestimmung abgesprochen, halten wir offiziell daran fest, dass sexuelle Gewalt unter allen Umständen – also auch gegenüber Prostituierten – weiterhin als rechtswidrig zu gelten hat.

Wohl kaum jemand würde eine solche »Argumentation« durchgehen lassen – und zwar ganz unabhängig davon, ob G's Annahme eines zusätzlichen Schutzes gewöhnlicher Frauen durch die besagte Regelung zutrifft oder nicht. Bei der Ablehnung dieser Argumentation müssen wir zwei Aspekte deutlich unterscheiden: zum einen das in G's Vorschlag enthaltene moralische Urteil, wonach Prostituierten die sexuelle Selbstbestimmung tatsächlich abgesprochen wird; und zum anderen die in sich widersprüchliche und gleichzeitig verlogene Begründung, die G für dieses Urteil gibt. Im Fall der Abtreibungsregelung wird der zweite Aspekt leicht übersehen, weil man den ersten im Grunde für in Ordnung hält: Die große Mehrheit unserer Bevölkerung ist offensichtlich mit der geltenden Abtreibungsregelung einverstanden. Es ist gewöhnlich aber nur das Ergebnis einer rechtlichen Regelung, das für den normalen Bürger zählt, und nicht die von offizieller Seite hierfür gegebene – sei es ideologische oder verlogene oder in anderer Weise misslungene – Begründung.

Mit einer solchen Betrachtungsweise kann sich jemand, der an ethischen Grundfragen in theoretischer Hinsicht ernsthaft interessiert ist, jedoch nicht zufrieden geben. Aber auch in praktischer

Hinsicht kann eine in sich widersprüchliche Begründung unter Umständen fatale Folgen haben. Dies ist immer dann der Fall, wenn die Begründung auf einen neuen Problembereich, der noch ungelöst und stark umstritten ist, übertragen wird. Das ist in unserem Fall die Zulässigkeit des Umgangs mit dem Embryo in vitro. Dass die Begründung für den zulässigen Umgang mit dem Embryo in vivo für den zulässigen Umgang mit dem Embryo in vitro unmittelbare Relevanz besitzt, werden wir in Kapitel 6 noch sehen.

Aus den bisherigen Überlegungen dieses Kapitels können wir den folgenden Schluss ziehen: Das Bundesverfassungsgericht hat Recht mit der Behauptung, dass eine indikationslose Abtreibung, die mit dem Lebensrecht des Embryos vereinbar sein soll, niemals rechtmäßig sein kann. Das Gericht selbst *behandelt* aber die indikationslose Frühabtreibung gemäß der geltenden Fristenregelung mit Beratungspflicht, um das Beratungsziel des Lebensschutzes zu erreichen, durchaus als rechtmäßig. Ein solches Vorgehen steht jedoch in eklatantem Widerspruch zu dem behaupteten individuellen Lebensrecht des einzelnen Embryos. Das Individualrecht auf Leben ist, wie wir in Kapitel 1 im Einzelnen sahen, vollkommen unvereinbar damit, es zugunsten selbst einer größeren Anzahl anderer Individuen preiszugeben. Dem Embryo, der bei drohender Tötung sich tatsächlich nicht verteidigen darf bzw. nicht von anderen Menschen verteidigt werden darf, wird in unserer Rechtswirklichkeit das Menschenrecht auf Leben ohne jeden Zweifel abgesprochen. Niemand würde ja auch daran zweifeln, dass etwa dem herzkranken Patienten in Fall 1 (S. 26), falls seine Tötung offiziell als rechtmäßig behandelt würde und niemand ihn retten dürfte, damit automatisch sein Menschenrecht auf Leben abgesprochen wäre.

Wenn unsere Juristen, Politiker und sonstigen Meinungsführer in ihrer großen Mehrheit den Embryo als Menschen mit einem eigenen Recht auf Leben bezeichnen und die Vertreter einer abweichenden Meinung nicht selten auch noch moralisch zu disqualifizieren suchen, dann ist dies angesichts der geltenden, von allgemeiner Zustimmung getragenen Abtreibungsregelung nichts anderes als Verlogenheit und Heuchelei. Wissenschaftler sollten dieses Vorgehen unserer Juristen und Politiker in diesem wie in anderen Fällen offen legen und anprangern – und nicht als Mitglieder diverser Ethikräte auch noch mit Pseudoargumenten anpassungsbeflissen verteidigen.

Bisher haben wir die Frage, ob in unserer vom Bundesverfassungsgericht gutgeheißenen Rechtswirklichkeit dem Embryo das Menschenrecht auf Leben zugestanden wird, auf den Embryo im Frühstadium beschränkt. Wir könnten dieselbe Frage nun in Bezug auf den Embryo im Spätstadium untersuchen. Diese Untersuchung würde mit Sicherheit weniger eindeutig ausfallen. Denn die geltende Regelung der Spätabtreibung geht tatsächlich von einer bestehenden Indikation aus und ist insofern sicher nicht denselben Bedenken wie die Fristenregelung der Frühabtreibung ausgesetzt. Außerdem stellt der Gesetzgeber hier unzweideutig fest, dass die im Sinn der Vorschrift indizierte Abtreibung als rechtmäßig sowohl zu bezeichnen als auch zu behandeln ist. Insofern entfällt hier jedenfalls der Vorwurf der Heuchelei.

Fraglich bleibt jedoch gleichwohl, ob die Indikation, so wie sie formuliert ist und so wie sie in der Praxis angewendet wird, nicht viel zu weit gefasst ist, um dem vorausgesetzten Lebensrecht des Embryos zu genügen. Ob dies der Fall ist, wäre unter Heranziehung der oben (S. 37 f.) dargelegten Gesichtspunkte im Einzelnen zu prüfen. Auf eine solche Prüfung möchte ich verzichten. Selbst wenn sie ergeben sollte, dass unsere Rechtswirklichkeit im Fall der Spätabtreibung mit einem Lebensrecht des Embryos vereinbar ist, so ändert dies nichts an unserem obigen Befund: Unsere geltende Abtreibungsregelung ist jedenfalls insgesamt mit dem offiziellen Dogma vom Beginn des Lebensrechts mit der Befruchtung *nicht* vereinbar. Wer diese Abtreibungsregelung akzeptiert, kann ehrlicherweise nicht so tun, als sei der Beginn des Lebensrechtes mit der Befruchtung selbstverständlich, und obendrein behaupten, jeder spätere Beginn – sei es ab der dreizehnten Schwangerschaftswoche, sei es ab der Geburt – sei völlig willkürlich und aus der Luft gegriffen.

Natürlich können wir aus der geltenden Abtreibungsregelung nicht etwa den Schluss ziehen, dass der Beginn des Lebensrechtes mit der Befruchtung illegitim oder unbegründet sein muss. Die Frage nach dem Beginn des Menschenrechts auf Leben ist, wie wir sahen, eine ethische Frage; und vielleicht ist ja die geltende Abtreibungsregelung in wesentlichen Punkten ethisch nicht zu rechtfertigen. In juristisch grundlegender und philosophischer Absicht dürfen wir unsere Verfassung nicht am geltenden Abtreibungsrecht, sondern müssen umgekehrt das geltende Abtreibungsrecht an unserer Verfassung und ihrer ethisch begründeten Auslegung bzw. Kritik messen.

Nach unseren Überlegungen sowohl in Kapitel 2 als auch in Kapitel 3 ist die Frage nach dem legitimen Beginn des Menschenrechts auf Leben nach wie vor eine völlig offene Frage. In den folgenden beiden Kapiteln wollen wir diese Frage in der ausschlaggebenden ethischen Perspektive, losgelöst vom Kontext unserer geltenden Rechtsordnung, ausführlich untersuchen.

# 4
# Die Begründung für das Menschenrecht auf Leben

In gewissem Sinn, nämlich im Sinn unserer geltenden Rechtsordnung, haben wir die Frage nach dem Beginn des Menschenrechts auf Leben schon beantwortet, nämlich wie folgt: Die Verfassung lässt die Frage, was das Lebensrecht des menschlichen Individuums vor der Geburt betrifft, offen. Nach der offiziellen Lesart der Verfassung durch unsere Juristen und Politiker beginnt das Lebensrecht allerdings mit der Befruchtung. In der Rechtswirklichkeit beginnt das Lebensrecht aber keinesfalls mit der Befruchtung, sondern allenfalls mit der dreizehnten Schwangerschaftswoche.

Im Folgenden nun soll die Frage in einem ausschließlich ethischen Sinn verstanden werden: Welcher Beginn des Menschenrechts auf Leben lässt sich ethisch begründen und sollte deshalb Teil unserer geltenden Sozialmoral und Rechtsordnung werden? (Nicht nur im positiven Recht, auch in der Sozialmoral einer Gesellschaft sind individuelle Rechte oder Ansprüche wie das Recht auf Leben unverzichtbar.) Um diese Frage überhaupt sinnvoll erörtern zu können, müssen wir jedoch zuvor die grundsätzlichere Frage beantworten: Worin liegt die ethische Begründung dafür, dass überhaupt so etwas wie ein Menschenrecht auf Leben Akzeptanz verdient? Zwar haben wir im praktischen Leben keine Zweifel, dass beispielsweise einem normalen Erwachsenen ein Recht auf Leben, ethisch betrachtet, im Ergebnis zusteht. Trotzdem gibt es in der philosophischen Tradition sehr unterschiedliche Begründungsweisen für dieses übereinstimmende Ergebnis. Und möglicherweise hängt es von der jeweiligen Begründungsweise ab, ob das Recht auf Leben dem menschlichen Individuum nicht nur im Kernbereich seiner Existenz, sondern auch in den Grenzbereichen – also am Anfang und am Ende seines Lebens – zusteht. Wir müssen die verschiedenen ethischen Begründungsweisen deshalb im Einzelnen prüfen und beurteilen. Drei grundsätzlich unterschiedliche Begründungsweisen – eine religiöse, eine metaphysische und eine interessenfundierte Begründungsweise – kommen in Betracht.

Die erste Begründungsweise nimmt Bezug auf das religiöse Menschenbild des Christentums. Nach christlicher Auffassung zeichnet sich der Mensch gegenüber allen anderen Lebewesen dadurch aus, dass er Ebenbild Gottes und mit einer unsterblichen Seele ausgestattet ist. Eben darin liegt seine ganz besondere Würde, seine »Menschenwürde«, und damit auch sein Recht auf Leben. Da dem menschlichen Individuum diese Eigenschaften jedoch bereits zum Zeitpunkt der Befruchtung von Gott mit auf den Weg gegeben werden, beginnt auch seine Existenz als »Mensch« sowie sein Lebensrecht zum Zeitpunkt der Befruchtung.

Diese Sichtweise erscheint jedenfalls auf den ersten Blick durchaus in sich stimmig. Ob sie trotzdem möglicherweise Einwänden ausgesetzt ist, ist eine theologische Fachfrage, der wir hier nicht nachgehen können und auch nicht nachzugehen brauchen. Entscheidend muss für unsere Zwecke vielmehr der folgende Gesichtspunkt sein. Die zitierte christliche Glaubensannahme ist allein mit rationalen Mitteln nicht begründbar. Gleichzeitig aber hat die Bestimmung des Lebensrechtes und seiner präzisen Reichweite, wie im vorangehenden Kapitel deutlich wurde, gravierende Konsequenzen für die Gestaltung unseres Strafrechts mit seinen typischen Sanktionen. Eine spezifisch religiöse Sichtweise wie die genannte kann aber in einem weltanschaulich neutralen Staat wie der Bundesrepublik jedenfalls nicht zur Grundlage des Strafrechts gemacht werden. Sonst könnten ja auch Homosexualität und Sodomie – nach biblischer wie nach kantischer Sichtweise furchtbare Verbrechen[14] – in unserem modernen Staat noch bestraft werden (vgl. schon oben S. 8 f. und S. 18 f.).

Dadurch werden die gläubigen Anhänger der betreffenden Sichtweise nicht etwa benachteiligt oder diskriminiert. Es steht ja nicht zur Debatte, irgendjemanden zu einem bestimmten Verhalten gegenüber Lebewesen, denen der Staat *kein* Lebensrecht einräumt, zu zwingen. Niemand muss einen Embryo töten – gleichgültig, ob diesem das Lebensrecht zusteht oder nicht. Selbst wenn wir bei unserer Untersuchung der Frage zu einem negativen Ergebnis kommen, bleibt den christlichen Kirchen und ihren Anhängern immer noch die uneingeschränkte Möglichkeit erhalten, auf gewisse Praktiken wie Abtreibung oder Homosexualität freiwillig zu verzichten und außerdem in der Bevölkerung gewaltlos für einen entsprechenden freiwilligen Verzicht zu werben.

Die zweite Begründungsweise für das Menschenrecht auf Leben ist metaphysischer Art. Nach dieser Begründungsweise ist das Recht auf Leben Teil einer naturrechtlichen oder vernunftrecht-

14 Zur biblischen Verurteilung siehe Levitikus 18,22 f.

lichen Normenordnung. Diese Normenordnung gilt vollkommen unabhängig von jeder sozialmoralischen Akzeptanz oder positivrechtlichen Setzung durch den Menschen. Sie ist dem Menschengeschlecht vielmehr in einer eigenen, außerempirischen Wirklichkeit metaphysischer Art vorgegeben. Der Mensch ist prinzipiell dazu in der Lage, diese Normenordnung in ihrem Wesen und mit ihren inhaltlichen Forderungen zu erkennen, und hat dementsprechend die Verpflichtung, diese Forderungen in die Sozialmoral und in das positiv geltende Recht seiner Gesellschaft umzusetzen und – auch unabhängig von einer erfolgten Umsetzung – im jeweiligen Einzelfall zu befolgen.

Gibt es aber tatsächlich eine derartige dem Menschen sowohl vorgegebene als auch erkennbare Normenordnung? Um diese Frage abschließend beantworten zu können, müssten wir sämtliche in der Geschichte der Ethik erfolgten Versuche, die Erkennbarkeit einer solchen metaphysisch geltenden Normenordnung darzutun, im Einzelnen untersuchen. Dies ist in einer Schrift wie der vorliegenden nicht möglich. Ich begnüge mich deshalb an dieser Stelle mit den folgenden pauschalen Hinweisen.

Erstens: Wer die metaphysische Existenz eines Naturrechts oder Vernunftrechts behauptet, trägt hierfür die Begründungs- oder Argumentationslast. Dies gilt zum Beispiel auch für die Behauptung der metaphysischen Existenz von (einem oder mehreren) göttlichen Wesen. Und selbst wenn es der Fall ist, dass die Mehrheit der Menschen von einer metaphysischen Existenz dieser oder jener Art überzeugt ist, so kann dies nicht schon als ausreichende Begründung betrachtet werden. Gemeinsam mit den meisten heutigen Philosophen bin ich im Ergebnis der Überzeugung, dass alle bisherigen Versuche, der Argumentationslast für ein erkennbares Naturrecht oder Vernunftrecht zu genügen, letzten Endes als gescheitert anzusehen sind.

Zweitens: Unsere Frage nach dem Menschenrecht auf Leben und seinem Beginn belegt die hier auftretenden, bis heute nicht gelösten Probleme in exemplarischer Weise. Nehmen wir an, X, Y und Z, die alle Anhänger eines naturrechtlich vorgegebenen Rechts auf Leben sind, führen einen gemeinsamen Disput. X meint, das Menschenrecht auf Leben beginnt mit der Geburt. Y meint, das Menschenrecht auf Leben beginnt mit der Befruchtung. Z meint dasselbe wie Y; er meint als »Tierrechtler« aber zudem, dass außer Menschen auch Säugetiere das Recht auf Leben haben. Es ist kaum zu sehen, mit welcher Art von Argumenten die drei Disputanten – auf der ihnen gemeinsamen Basis der Erkennbarkeit eines Naturrechts – prinzipiell in der Lage sein sollten, einander zu überzeugen. An dieser Einschätzung der Situation würde sich auch dann nichts ändern, wenn X behauptete, zu erkennen, dass das Recht auf Leben an den aktuellen Besitz der Vernunft gebunden ist, wenn Y behauptete, zu erkennen, dass das Recht auf Leben an den aktuellen oder anlagemäßigen Besitz der Vernunft gebunden ist, und wenn Z behauptete, zu erkennen, dass das Recht auf Leben an jenen Entwicklungsgrad von Bewusstsein gebunden ist, wie ihn gerade Säugetiere (einschließlich des Menschen) in der Geschichte der Evolution erreicht haben. Man sieht: Selbst wenn es ein prinzipiell erkennbares Naturrecht gibt, so gibt es anscheinend doch keine verlässliche Methode, mit der man seinen genauen Inhalt im Zweifelsfall ermitteln könnte.

Drittens: Trotz allem könnte es sich als unvermeidlich erweisen, in irgendeiner Form auf eine naturrechtliche oder eine vernunftrechtliche Begründungsweise des Lebensrechts zu setzen. Vermutlich wäre man hierzu dann gezwungen, wenn es keine gangbare Alternative einer Begründung geben sollte. Denn es wäre überaus beunruhigend, wenn sich das Lebensrecht etwa eines normalen Erwachsenen *überhaupt nicht* in einer Weise, die intersubjektiv akzeptabel ist, begründen lassen sollte. Es kann doch nicht eine Sache bloßer Beliebigkeit und Willkür sein, ob unsere Sozialmoral und unsere Rechtsordnung das Recht auf Leben etwa allen geborenen Menschen oder allen geborenen Menschen und Embryonen oder allen Säugetieren oder allen Lebewesen oder überhaupt keinem Lebewesen einräumen.

Damit kommen wir zur dritten, der interessenfundierten Begründungsweise für das Recht auf Leben. Ich halte diese Begründungsweise nicht nur im Prinzip für möglich, sondern bin der Auffassung, dass sie im vorliegenden Fall durchaus zu intersubjektiv akzeptablen und mit unserer Verfassung im Einklang stehenden Ergebnissen führt und damit jede Nothilfe durch die metaphysische Begründungsweise überflüssig macht. Im restlichen Teil dieses Kapitels werde ich die interessenfundierte Begründungsweise, wie ich sie vertrete, im Ansatz wie in ihren Konsequenzen vorstellen und gegen Einwände verteidigen. Dabei wird auch deutlich werden, wieso diese Begründungsweise ohne alle weltanschaulichen und metaphysischen Voraussetzungen auskommt.

Die sehr allgemeine Prämisse einer interessenfundierten Ethik besagt, dass sozialmoralische wie rechtliche Normen und Institutionen, insoweit sie überhaupt begründbar sind, verstanden werden müssen als praktischen Interessen menschlicher oder anderer Lebewesen dienende Erfindungen oder Entwicklungsformen der menschlichen Gesellschaft und nicht als Abbildungen oder Umsetzungen einer dem Menschen vorgegebenen höheren Wirklichkeit. Daraus ergibt sich, dass das Individualrecht auf Leben, insoweit es begründbar ist, seine Begründung nur darin finden kann, dass es einem diesem Recht entsprechenden Interesse dient. Das Interesse, dem das Recht auf Leben dient, ist aber offenbar das Interesse am ungehinderten Weiterleben, das wir als *Überlebensinteresse* bezeichnen wollen. Worin genau besteht dieses Überlebensinteresse? Und welche Lebewesen besitzen es?

Zunächst einmal: Was ist überhaupt ein Interesse, das ein Lebewesen an etwas haben kann? Wir wollen, indem wir den allgemein üblichen Sprachgebrauch von »Interesse« präzisieren, den Begriff wie folgt verstehen: Ein Wesen hat ein Interesse an x immer dann, wenn es entweder einen Wunsch (verstanden als ein bewusstes Streben) nach x hat oder wenn es einen Wunsch nach y hat und wenn x eine geeignete Bedingung zur Erlangung von y ist. (Dass ein Interesse in diesem Sinn stets als *prima facie* bestehendes Interesse verstanden werden muss, das im konkreten Fall durch ein anderes widerstreitendes Interesse verdrängt werden kann, braucht uns im vorliegenden Zusammenhang des überragend wichtigen Überlebensinteresses nicht weiter zu beschäftigen.)

Einige Beispiele: Ich habe ein Interesse daran, ein paar Apfelsinen zu essen, wenn ich den entsprechenden Wunsch habe. Ich habe aber auch dann dieses Interesse am Verzehr von Apfelsinen, wenn ich lediglich den Wunsch (und damit das Interesse) habe, meinen gegenwärtigen Husten loszuwerden, und wenn der Verzehr von Apfelsinen (wegen der in ihnen enthaltenen Vitamine) ein geeignetes Mittel ist, diesen Husten zu bekämpfen. Dabei habe ich dieses Interesse im letzteren Fall selbst dann, wenn ich über diese Eignung von Apfelsinen nicht informiert bin und deshalb den entsprechenden Wunsch nicht bilde. So habe ich etwa auch dann ein Interesse am reibungslosen Funktionieren des Bordcomputers in dem ICE, mit dem ich möglichst schnell nach München reisen möchte, wenn ich nicht einmal weiß, was ein Bordcomputer ist. Eine hungrige Katze beispielsweise hat in diesem Sinne ebenso ein Interesse daran, etwas zu fressen, wie daran, dass jemand die Dose mit der Katzennahrung für sie holt und öffnet.

In diesen Fällen ist das Interesse immer an einen tatsächlich vorhandenen Wunsch gebunden. Eine solche Bindung ist aber nicht erforderlich. Wir würden ja ohne Zögern beispielsweise sagen, dass jemand, der nach einem Verkehrsunfall verletzt ist, ein Interesse an medizinischer Versorgung hat, auch wenn er momentan bewusstlos ist. Denn wenn er nicht bewusstlos wäre, würde er sicher auch den erforderlichen Wunsch haben. Es muss deshalb für das Vorliegen eines Interesses an x ausreichen, dass jemand einen *mutmaßlichen,* das heißt einen begründeterweise zu vermutenden Wunsch nach x hat oder dass er einen solchen Wunsch nach y hat, falls x eine geeignete Bedingung zur Erlangung von y ist. Entscheidend muss in diesem Zusammenhang stets sein, ob es hinreichende Gründe für die Annahme gibt, dass der Betreffende *selbst* zu dem gegebenen Zeitpunkt x bzw. y wünschen *würde,* sofern er unter den gegebenen Umständen überhaupt etwas zu wünschen fähig wäre.

Es würde für die Annahme eines bestimmten Interesses zu einem bestimmten Zeitpunkt 1 allerdings nicht ausreichen, dass jemand den betreffenden Wunsch zu einem (früheren) Zeitpunkt 0 oder einem (späteren) Zeitpunkt 2 hat. Interessen sind – als Funktionen der ihnen zugrunde liegenden Wünsche – stets zeitgebunden. Wer heute etwa daran interessiert ist, eine bestimmte Person zu heiraten, muss dieses Interesse nicht unbedingt auch schon vor einem Monat gehabt haben oder noch in einem Monat haben. Dies schließt natürlich nicht aus, dass Individuen de facto auch Interessen haben, die kontinuierlich sind, ja das ganze Leben über anhalten.

Wenn wir den so verstandenen Interessenbegriff nun auf das Überlebensinteresse anwenden, so ergibt sich Folgendes. Ein Überlebensinteresse hat ein Lebewesen, das den ausdrücklichen Wunsch nach Weiterleben hat. Ein Überlebensinteresse hat aber auch ein Lebewesen, das einen Wunsch hat, zu dessen Realisierung das Weiterleben geeignet, ja unverzichtbar ist. Wenn ich den Wunsch habe, morgen zu verreisen, dann habe ich damit automatisch auch ein Überlebensinteresse. Und ein Kleinkind hat ein Überlebensinteresse, wenn es in zwei Stunden seine Großeltern besuchen möchte. Dass das Kind einen Begriff vom Überleben hat oder schon so etwas wie Todesangst verspüren kann, ist dazu keineswegs erforderlich.

Ein Überlebensinteresse hat zu einem bestimmten Zeitpunkt aber auch dann ein Lebewesen, wenn es zu diesem Zeitpunkt mutmaßlich einen der genannten Wünsche hat, das heißt wenn davon auszugehen ist, dass es einen dieser Wünsche zu diesem Zeitpunkt unter geeigneten Bedingungen tatsächlich haben würde. In diesem Sinn hat etwa das bewusstlose Unfallopfer nicht nur ein Interesse an medizinischer Versorgung, sondern selbstverständlich auch ein Überlebensinteresse. Und Gleiches gilt für jeden von uns während des Schlafes, da wir irgendwann vor dem Einschlafen natürlich eine Vielzahl von kurzfristigen wie langfristigen Wünschen und Plänen für die Zeit nach dem Erwachen haben.

Das Überlebensinteresse basiert also auf einem (tatsächlichen oder mutmaßlichen) Wunsch des betreffenden Wesens W, der sich auf eine von W für die Zukunft erwartete Erfahrung bezieht – sei es die Erfahrung, in Zukunft einfach noch zu leben, sei es die Erfahrung eines bestimmten zukünftigen Erlebnisses. Dass W einen derartigen, *zukunftsbezogenen* Wunsch hat, setzt offensichtlich voraus, dass W in der Lage ist, sich selbst überhaupt als im Zeitablauf identisch zu erfahren, dass W also über das verfügt, was wir als ein *Ichbewusstsein* bezeichnen können. Auf einen normalen Erwachsenen beispielsweise trifft diese Beschreibung ohne Zweifel in hohem Maße zu. Eine Pflanze andererseits – um das andere Extrem zu nennen im Bereich des Lebens – ist zwar auch im Zeitablauf ihrer Existenz mit sich identisch, aber sie ist zweifellos nicht in der Lage, sich selbst als identisch zu erfahren.

Wir müssen dieses spezifische Überlebensinteresse auf der Basis zukunftsbezogener Wünsche und eines Ichbewusstseins deutlich unterscheiden von zwei weiteren Phänomenen, die nicht selten mit ihm verwechselt werden.

Da ist zum Ersten jenes Phänomen, das man als *Überlebensinstinkt* bezeichnen kann. Einen solchen Instinkt, der de facto dem Überleben dient, finden wir bei vielen Tierarten. Er motiviert zum Beispiel die Antilope dazu, vor dem Löwen zu fliehen, oder das Eichhörnchen dazu, sich Vorräte für den kommenden Winter anzulegen. Da auch Menschen unter Umständen vor Löwen fliehen oder sich Vorräte für den Winter anlegen, liegt es nahe, diese äußerlich identischen Phänomene bei Tier und Mensch über einen Kamm zu scheren. Man muss bei Tieren (zumindest bei den allermeisten Tierarten) aber davon ausgehen, dass die betreffenden Verhaltensweisen nicht rational vermittelt sind, sondern rein instinktgesteuert ablaufen. Das zeigt sich unter anderem darin, dass Tiere von diesem Verhalten auch unter solchen Bedingungen nicht lassen können, unter denen es tatsächlich zur Lebenserhaltung nutzlos ist. Der Mensch dagegen kann zumindest in den genannten Situationen auch bewusst im Blick auf seine Zukunft eine bestimmte Handlung je nach den Umständen vornehmen oder unterlassen. Er hat nämlich auf der Basis eines Ichbewusstseins ein Überlebensinteresse und nicht bloß – wenngleich in gewissen Situationen vielleicht auch – einen Überlebensinstinkt.

Diese sehr wichtige Unterscheidung kann man der Sache nach auch dadurch nicht aus der Welt schaffen, dass man etwa beide unterschiedlichen Phänomene unter den sehr vagen Begriff »Wille zum Leben« bringt. Wie vage dieser Begriff tatsächlich oft verwendet wird, kann man daran sehen, dass manche Leute ihn sogar auf Pflanzen anwenden, die ja nicht einmal ein Bewusstsein, geschweige denn ein Ichbewusstsein haben. »Wille zum Leben« besagt in diesem weiten Sinne dann nicht mehr, als dass das betreffende Wesen tatsächlich lebt und (eine Zeit lang) weiterlebt, dass es also tatsächlich ein Lebewesen ist. Das Überlebensinteresse des Menschen geht über einen so verstandenen »Willen zum Leben« weit hinaus.

Das zweite Phänomen, das man mit dem Überlebensinteresse leicht verwechseln kann, wollen wir als *punktuelles Lebensinteresse* bezeichnen. Es basiert auf nicht zukunftsbezogenen, sondern rein gegenwartsbezogenen Wünschen. Auch dieses Phänomen ist uns aus dem Tierreich wohl vertraut. Eine Katze beispielsweise, die fressen will, will stets sofort fressen und nicht erst in einer Stunde. Bereits ein Kleinkind dagegen kann man unter Umständen dafür gewinnen, dass es auf die sofortige Befriedigung eines Wunsches (etwa nach einem Riegel Schokolade) verzichtet – unter der Bedingung, dass ihm nach einer Weile eine deutlich größere Befriedigung (in Form von zwei Riegeln) zuteil wird. Tiere – jedenfalls die Vertreter der allermeisten Tierarten – sind zu solchen Projektionen ihrer Wünsche in die Zukunft nicht in der Lage. Denn sie führen ihr bewusstes Leben ausschließlich in der Gegenwart, ohne zukünftige Erlebnisse oder Erfahrungen in ihrem Wollen oder Planen geistig vorwegnehmen zu können.

Auch gegenwartsbezogene Wünsche sind für ihre Realisierung natürlich auf ein gewisses, kurzfristiges Überleben angewiesen. Eine Katze, die zu dem Zeitpunkt, zu dem sie fressen will, getötet wird, wird dadurch an der Realisierung ihres Wunsches oder Interesses gehindert. Insofern hat auch sie zu diesem Zeitpunkt ein *gewisses* Überlebensinteresse. Trotzdem ist diese Art von Überlebensinteresse – nach unserer Terminologie das punktuelle Lebensinteresse – mit dem typisch menschlichen Überlebensinteresse nicht auf eine Stufe zu stellen. Es ist nicht nur punktuell, insofern es kommt und geht und etwa Perioden des Schlafes nicht umfasst – während ein Mensch typischerweise zu irgendeinem Zeitpunkt vor dem Einschlafen zukunftsbezogene Wünsche für die Zeit nach dem Erwachen hat. Es ist auch wegen seiner ausschließlichen Bezugnahme auf jeweils nur *einen* gegenwartsbezogenen Wunsch nicht sehr gewichtig – während ein Mensch gewöhnlich eine Vielzahl zukunftsbezogener Wünsche und Pläne von zum Teil großer Bedeutung und großer zeitlicher Reichweite hegt. Das menschliche Überlebensinteresse ist in der Natur einzigartig durch seine Kontinuität und durch sein inhaltliches Gewicht.

Meine These geht nun dahin, dass allein dieses Überlebensinteresse – nicht aber der Überlebensinstinkt oder das punktuelle Lebensinteresse – auf fundamentaler Ebene einen guten Grund darstellt, Lebewesen das Recht auf Leben einzuräumen. Diese These ist natürlich nicht ohne Konsequenzen für den Beginn des Menschenrechts auf Leben. Sie führt, wie wir im folgenden Kapitel sehen werden, im Ergebnis zu der Forderung, dem menschlichen Individuum von der *Geburt* an das Menschenrecht auf Leben einzuräumen. Hier möchte ich nun zunächst versuchen, die These von der ausschlaggebenden Bedeutung des Überlebensinteresses in ihrer allgemeinen Form, also ganz unabhängig von der Frage des Status von Embryonen, zu begründen.

Mit Sicherheit ist richtig, dass aus einem bestehenden *Interesse* am Überleben die ethische Forderung nach dem Recht auf Leben nicht ohne weiteres oder rein logisch folgt. Die gegenteilige Annahme würde in der Tat, wie Philosophen zu sagen pflegen, einen naturalistischen Fehlschluss bzw. die illegitime Ableitung eines Sollens aus einem bloßen Sein enthalten. Das von mir vertretene Begründungsverfahren ist deshalb ein anderes.

Wir wollen ausgehen von einem beliebigen erwachsenen Menschen M. M ist, das darf man annehmen, mit dem Phänomen des Überlebensinteresses bei sich selbst und anderen vertraut. Dann stellt zunächst einmal das eigene Überlebensinteresse, das M besitzt, für ihn einen guten Grund dar, die Institutionalisierung jedenfalls des *eigenen* Rechts auf Leben zu wünschen und sich in der Praxis hierfür einzusetzen. Denn diese Institutionalisierung dient ohne Zweifel seiner Lebenssicherheit und damit seinem Überlebensinteresse.

Bei realistischer Betrachtung aber kann M die Institutionalisierung seines Rechts auf Leben nur unter der Bedingung erreichen, dass er bereit ist, allen anderen menschlichen Individuen mit einem Überlebensinteresse ebenfalls das Recht auf Leben zuzugestehen. Er muss sich seinen eigenen Lebensschutz durch das Zugeständnis fremden Lebensschutzes gleichsam erkaufen. Zwar mag es der Fall sein, dass nicht alle anderen Menschen für sein eigenes Leben tatsächlich eine potentielle Gefahr darstellen. So würde es M's eigenes Überlebensinteresse vermutlich nicht direkt berühren, wenn etwa Kleinkinder trotz ihres Überlebensinteresses kein Lebensrecht erhielten, da sie sein Leben ohnehin wohl kaum bedrohen könnten.

Es ist jedoch mehr als unwahrscheinlich, dass normale Erwachsene ein menschliches Zusammenleben unter der Bedingung tolerabel fänden, dass ausgerechnet Kleinkinder wegen ihrer Schwäche ohne Recht auf Leben blieben. Insbesondere nahezu allen Eltern wäre diese Vorstellung sicher völlig unerträglich. Selbst wenn nun aber gerade M derart aus dem Rahmen fallen sollte, dass ihm jedes altruistische Gefühl für Kinder fehlte, so wird er doch zur Kenntnis nehmen müssen, dass er keine Chance hat, sich selbst ein Lebensrecht zu sichern, das er seinerseits Kleinkindern nicht zugestehen will. (Inwieweit ein ähnliches Argument auch zugunsten einiger weniger Tierarten, die nach neueren Untersuchungen ebenfalls ein echtes Überlebensinteresse von einer gewissen Reichweite haben, geltend gemacht werden kann, soll hier auf sich beruhen bleiben.)

Es geht an dieser Stelle, allgemein gesprochen, um die Frage: Warum soll das Überlebensinteresse eines Individuums prinzipiell eine *ausreichende* Bedingung für die Einräumung des Rechts auf Leben sein? Mit anderen Worten: Warum sollen alle menschlichen Individuen mit einem Überlebensinteresse das Lebensrecht erhalten?

Gelegentlich wird vonseiten natur- oder vernunftrechtlich eingestellter Philosophen, die die hier vertretene Sichtweise ad absurdum führen möchten, behauptet, der auf individuelle Interessen fundierte Begründungsansatz mache die Einräumung des Rechts auf Leben nicht nur gegenüber Kleinkindern, sondern gegenüber beliebigen Minderheiten in der Gesellschaft zu einer Sache willkürlichen Beliebens. Denn die Angehörigen der Mehrheit könnten sich ja stets darauf verständigen, die Angehörigen dieser oder jener Minderheit einfach vom Recht auf Leben und den übrigen Grundrechten auszuschließen. Insofern müsse jede bloß auf Individualinteressen fundierte Ethik scheitern.

Es würde den Rahmen dieses Essays sprengen, eine solche Ethik, wie sie der Verknüpfung zwischen Individualrechten und Interessen in der Tat zugrunde liegt, hier umfassend zu verteidigen. Ich werde mich deshalb auf wenige Bemerkungen beschränken, speziell bezogen auf die Begründung des Menschenrechts auf Leben.

Richtig ist zunächst, dass nicht *jeder* Mensch mit einem eigenen Überlebensinteresse *unter allen denkbaren Bedingungen* einen guten Grund hat, jedem anderen Individuum mit einem Überlebensinteresse ein Recht auf Leben zuzugestehen oder einzuräumen. Trotzdem ist die Wahrscheinlichkeit, dass dies jedenfalls auf die allermeisten Menschen unserer heutigen Gesellschaft unter realistischen Bedingungen zutrifft, sehr groß.

Wir sahen schon am Beispiel der Kleinkinder, dass als Grund für das Zugeständnis des Lebensrechtes gegenüber einem anderen Individuum nicht ausschließlich die Sicherung des eigenen Interesses am Überleben in Betracht kommt. Man kann sich auch mit fremdem Überlebensinteresse – insbesondere im Fall schwacher Individuen, zu denen man natürliche Bindungen hat – hinreichend identifizieren, um auch fremdes Lebensrecht zur Bedingung einer gemeinsamen Staatsverfassung machen zu wollen. Mein Begründungsansatz für das Lebensrecht ist keineswegs mit der ganz unzutreffenden Annahme verknüpft, das egoistische Interesse am eigenen Überleben sei üblicherweise das *einzige* Interesse, das Menschen haben. Menschen haben nicht nur auch noch andere egoistische Interessen. Sie haben häufig zumindest ein gewisses altruistisches Interesse daran, dass auch ihre Mitmenschen jedenfalls in ihren ganz elementaren Interessen (wie dem Überlebensinteresse) Schutz genießen. Damit soll keineswegs gesagt sein, dass der Durchschnittsmensch etwa bereit wäre, jedes beliebige Interesse jedes beliebigen anderen Menschen ebenso stark zu gewichten wie das entsprechende eigene Interesse. Dies anzunehmen, wäre sicher eine Illusion. Schon deshalb hat eine *utilitaristische,* jegliches Interesse einbeziehende Version einer interessenfundierten Ethik wenig für sich.[15]

Außerdem ist Folgendes zu bedenken. Unsere heutige Gesellschaft ist eine anonyme Großgesellschaft. Wenn diese Gesellschaft nicht von vornherein jedem Individuum mit einem eigenen Überlebensinteresse das Recht auf Leben zugesteht, sondern gewisse diskriminierende Ausnahmen macht, kann letzten Endes niemand sicher sein, dass eines Tages nicht auch eine jener Minderheiten,

15 Die entscheidenden Einwände gegen jede Form utilitaristischer Ethik präsentiert J. L. Mackie, *Ethik,* Stuttgart 1981, Kap. 6.

denen er selber angehört – und jedermann gehört in dieser oder jener Hinsicht gewissen Minderheiten an –, diskriminiert wird. Auch gibt es gewisse Minderheiten (wie beispielsweise die der Behinderten), zu denen jedermann urplötzlich (etwa durch einen Verkehrsunfall) selbst gehören kann. Und schließlich kann eine Gesellschaft, die Minderheiten das Recht auf Leben abspricht, natürlich in keiner Weise auf die Loyalität und freiwillige Kooperation dieser Minderheiten zählen; dabei können die zur Aufrechterhaltung einer solchen Situation unvermeidlichen Unterdrückungsmaßnahmen gegenüber den diskriminierten Minderheiten für die Gesellschaft nicht nur mit erheblichen Kosten, sondern auch mit dem Risiko von Gegengewalt bis hin zum Bürgerkrieg verbunden sein. Gerade vor dem Hintergrund einer interessenfundierten Sichtweise der Normbegründung ist es alles andere als ein Zufall, dass unsere Verfassung, wie wir sahen, unterschiedslos jedem Menschen das Recht auf Leben zuspricht.

Ich bestreite, um es noch einmal zu sagen, nicht, dass Konstellationen möglich sind, in denen die Anerkennung eines Rechts auf Leben jedes einzelnen Individuums mit Überlebensinteresse vom Interessenstandpunkt einer gewissen Mehrheit aus nicht begründet ist. Eine solche Konstellation könnte beispielsweise vorliegen, wenn modern ausgerüstete Eroberer auf einer einsamen Insel ein paar friedliche Ureinwohner vorfinden, denen sie kein Mitgefühl entgegenbringen. Unter diesen Umständen ließe sich die Forderung nach Anerkennung des Rechts auf Leben jedes Inselbewohners den *Eroberern* gegenüber nicht begründen. Was in einer derartigen Konstellation allerdings die praktische Durchschlagskraft der *Naturrechtstheorie* der Normbegründung angeht, so würde ich auch sie nicht gerade hoch einschätzen – ganz abgesehen davon, dass es in der Geschichte der Naturrechtstheorie auch einflussreiche Versionen gibt, wonach gewisse Menschen »von Natur aus« Sklaven sind.

Ich möchte schon an dieser Stelle deutlich machen, dass nach meiner Auffassung gewisse menschliche Individuen ein Lebensrecht in Rechtsordnung und Sozialmoral erhalten müssen, obschon sie selber kein Überlebensinteresse haben. Das hängt damit zusammen, dass ein wirksamer Lebensschutz all jener Individuen, die ein Überlebensinteresse haben, *in der Praxis* nicht realisierbar wäre, wenn man nicht auch *gewisse* andere Individuen ohne eigenes Überlebensinteresse in den Kreis der Individuen mit Lebensrecht aufnähme. Diese These wird im Kontext des folgenden

Kapitels noch näher darzustellen und zu begründen sein. Sie steht nicht im Widerspruch zu meiner Grundposition, dass auf *fundamentaler* ethischer Ebene allein das Überlebensinteresse den Grund des Lebensrechtes darstellt und dass auch in der Praxis die Einräumung des Lebensrechtes nur insoweit begründbar ist, als dieses Lebensrecht (unmittelbar oder mittelbar) dem Schutze *irgendeines* tatsächlich vorhandenen Überlebensinteresses dient. Die Forderung eines Überlebensinteresses als notwendiger Voraussetzung eines Lebensrechtes bleibt also auch unter den Umständen einer gewissen Ausweitung des Lebensrechtes im Prinzip gewahrt.

Was spricht nun vom Standpunkt einer interessenfundierten Ethik aus für die *Notwendigkeit* der Verknüpfung zwischen Überlebensinteresse und Lebensrecht? Der Grundgedanke dieser Ethik ist, dass alle Mitglieder einer Gesellschaft eine normative Institution oder Norm vernünftigerweise dann akzeptieren und in Geltung setzen, wenn diese Norm ein gewisses Interesse schützt, das sie alle haben und dessen Schutz ihnen allen mehr wert ist als die mit der Normgeltung für sie ebenfalls verbundene Einschränkung ihres Handelns: Ich profitiere von der Norm, wonach ich fremdes Leben respektieren muss, falls diese Norm bewirkt, dass die anderen auch mein Leben respektieren.

Nun hat die normative Institution des Individualrechtes auf Leben ein äußerst striktes (sowie strafbewehrtes!) Verbot der Tötung jedes Trägers dieses Rechts zur Folge (vgl. oben S. 26ff.). Mit anderen Worten: Sämtliche Mitglieder der Gesellschaft trifft die entsprechende Verpflichtung, keine solche Tötung vorzunehmen. Warum aber sollte jemand eine derart strikte, mit gewaltigen Einschränkungen für die Verfolgung eigener Interessen verbundene Verpflichtung auf sich nehmen zugunsten von Individuen, die gar kein Überlebensinteresse haben, das durch ihre Tötung verletzt werden kann? Da ich selber ja nur wegen *meines* Überlebensinteresses *mein* Recht auf Leben wünschen kann: Wie kann ich dann, indem ich mich in die Interessenlage eines anderen Individuums versetze, vernünftigerweise wollen, dass *diesem* Individuum als Selbstzweck auch *ohne* ein entsprechendes Überlebensinteresse ein Recht auf Leben zugesprochen wird, das diesem Individuum doch nichts bedeuten kann? Und dies auf Kosten der genannten strikten, strafbewehrten Verpflichtung meiner selbst und aller übrigen Mitglieder der Gesellschaft zur Einhaltung des Tötungsverbots gerade *diesem* Individuum gegenüber!

Wir können uns die hier zur Debatte stehende Interessenlage

am Beispiel unseres Umgangs mit Nutztieren gut klarmachen. Die allermeisten von uns sind der Überzeugung, dass man Tiere wie Kälber und Schweine etwa zum Fleischverzehr züchten und töten darf. Dies ist auch der Standpunkt unserer geltenden Rechtsordnung. Dieser Standpunkt wäre sicherlich, wie schon angedeutet (S. 58), sehr fragwürdig, wenn diese Tiere ein Überlebensinteresse hätten. Da ein solches Interesse bei ihnen aber nicht feststellbar ist, haben wir zu Recht insoweit keine Bedenken. Wir nutzen diese Tiere vielmehr zur Befriedigung unserer eigenen Nahrungs- und auch Forschungsinteressen. (Damit soll nicht gesagt sein, dass etwa auch Quälereien während der Haltung und Tötung dieser Tiere legitim sind. Was das generelle Tierinteresse angeht, nicht gequält zu werden, so haben Tiere bezeichnenderweise dieses Interesse mit uns Menschen gemeinsam.)

Wenn Tierrechtler die Auffassung vertreten, dass auch Tieren das Recht auf Leben zusteht, so machen sie sich in aller Regel vom Bewusstseinszustand dieser Tiere eine falsche Vorstellung: Sie haben sich entweder den oben (S. 55 ff.) erläuterten Unterschied zwischen dem Überlebensinteresse und den beiden verwandten Phänomenen nicht hinreichend klargemacht; oder sie können in ihrer Einschätzung von Tierinteressen von den Erfahrungen ihres eigenen Innenlebens nicht abstrahieren und projizieren diese Erfahrungen wegen der tatsächlich zahlreichen Ähnlichkeiten zwischen Mensch und Tier automatisch in das Bewusstsein der Tiere hinein. Manche Leute nehmen ja auch an, dass man einem Baum Unrecht zufügt, wenn man ihn fällt oder ihm einen Ast absägt und der Baum dann »blutet«.

Eine interessenfundierte Begründung für das Menschenrecht auf Leben ist, wie sich gezeigt hat, nicht ohne sorgfältige und zum Teil komplexe Überlegungen durchführbar. Dies ist die unvermeidbare Kehrseite der Tatsache, dass diese Begründung von rein empirischen Voraussetzungen ausgeht, die im Einzelnen zu sichten und einzuordnen sind und auch problematische Grenzfälle nicht von vornherein ausschließen.

Zweifellos ist es in gewissem Sinne leichter, auf einer (meist stillschweigend vorausgesetzten) weltanschaulichen oder metaphysischen Basis einfach zu behaupten, man wisse, dass alle Menschen das Recht auf Leben haben und dass dieses Recht mit der Geburt beginne. Andere Zeitgenossen jedoch behaupten auf derselben Basis, ebenfalls zu wissen, dass alle Menschen das Recht auf Leben haben, dass aber als legitimer Beginn dieses Rechtes nur die Befruchtung in Betracht kommt. In beiden Fällen erkauft man sich die »Leichtigkeit« der Begründung durch eine rein dogmatische Setzung, die für keine weiteren Diskussionen Raum lässt und erkenntnistheoretisch völlig in der Luft hängt. Wann das Recht auf Leben in einem allen menschlichen Interessen vorausliegenden Reich der Wirklichkeit beginnt, weiß niemand. Wann jedoch das typisch menschliche Überlebensinteresse beginnt, kann im Prinzip jeder, der in klaren Begriffen denkt und die fremden wie die eigenen Bewusstseinszustände unvoreingenommen zur Kenntnis nimmt, jedenfalls im Wesentlichen ermitteln.

Wer eine bestimmte ethische Theorie des Lebensrechtes ablehnt, muss redlicherweise eine Alternative präsentieren. Die Frage nach dem Menschenrecht auf Leben und seinem Beginn kann nicht offen bleiben!

# 5
# Der Beginn des Menschenrechts auf Leben

Nach unseren bisherigen Erörterungen kommen wir nun zu einem entscheidenden Punkt, was die Kernfrage dieses Essays angeht: Ab welchem Zeitpunkt in der Entwicklung des menschlichen Individuums ist es begründet, diesem Individuum das Menschenrecht auf Leben zuzusprechen? Steht dieses Recht insbesondere schon dem vorgeburtlichen Leben, also dem Embryo zu?

Nach meinen Ausführungen im vorigen Kapitel ist diese Frage dann und nur dann zu bejahen, wenn die Zuschreibung eines Lebensrechtes an Embryonen erforderlich ist, um irgendein vorhandenes Überlebensinteresse zu schützen. Von welchem Zeitpunkt seiner natürlichen Entwicklung an hat das menschliche Individuum ein Überlebensinteresse?

Diese Frage ist, was die exakte Grenze angeht, äußerst schwer, was aber weiteste Bereiche vor und nach der Grenze angeht, sehr leicht zu beantworten. Ältere Kinder und Erwachsene haben mit Sicherheit ein Überlebensinteresse, Embryonen jeden Alters haben mit Sicherheit noch kein Überlebensinteresse. Irgendwann im ersten Lebensjahr nach der Geburt beginnt das Überlebensinteresse sich beim menschlichen Individuum in seinen ersten Anfängen einzustellen und entwickelt sich in der Folgezeit dann kontinuierlich weiter.

Diese von mir schon in der Vergangenheit aufgestellten Behauptungen werden von Vertretern eines Lebensrechtes von der Befruchtung an nicht selten ausdrücklich bestritten. Dies beruht jedoch in aller Regel auf Missverständnissen meiner Position. Die wichtigsten dieser Missverständnisse möchte ich nun zurechtrücken.

1. Ich bestreite nicht, dass der Embryo von einem gewissen Alter an bereits ein Bewusstsein und ein Empfindungsvermögen besitzt, womit vermutlich auch der Besitz bestimmter Interessen verbunden ist. (Dies trifft bekanntlich auch auf Tiere zu.) Ein Überlebensinteresse in meinem Sinn des Wortes ist jedoch ein Interesse besonderer Art, das auch ein Bewusstsein besonderer Art, nämlich ein Ichbewusstsein, voraussetzt. Man vergleiche meine obigen Ausführungen zum »punktuellen Lebensinteresse« (S. 56).

2. Ich bestreite nicht, dass der Embryo von einem gewissen Alter an in der Lage ist, gegen Eingriffe in seine körperliche Integrität gewisse Abwehrreaktionen vorzunehmen. (Das trifft bekanntlich sogar auf niedere Tiere zu.) Dieses Phänomen begründet als solches jedoch kein Überlebensinteresse in meinem Sinn des Wortes. Man vergleiche meine obigen Ausführungen zum »Überlebensinstinkt« (S. 55).

3. Wer die Position vertritt, dass bereits das punktuelle Lebensinteresse oder der Überlebensinstinkt – und nicht erst das Überlebensinteresse – zur Zusprechung eines Lebensrechtes ausreicht, sollte diese Position nicht erst an dieser Stelle in die Debatte werfen, sondern im Rahmen der Fragestellung des vorigen Kapitels eine Alternative zu meiner auf das spezifische Überlebensinteresse abstellenden Position ausarbeiten und begründen.

Wieso kann man wissen, dass das ungeborene menschliche Individuum noch kein Überlebensinteresse hat? Das Vorhandensein eines Überlebensinteresses setzt nach meiner Auffassung sicher nicht voraus, dass das betreffende Individuum dieses Interesse sprachlich artikulieren kann. (Auch taubstumme Menschen haben ein Überlebensinteresse.) Es setzt aber voraus, dass das Individuum *irgendwelche* beobachtbaren Verhaltensweisen zeigt, aus denen sich auf ein Überlebensinteresse schließen lässt. Die bloß logisch denkbare Möglichkeit eines Überlebensinteresses reicht nicht aus. (Diese besteht natürlich auch bei Katzen oder Kühen.)

Nun kann man den Embryo aus nahe liegenden Gründen nur unzureichend beobachten. (Immerhin hat die moderne Embryologie bislang keine Indizien für ein Überlebensinteresse zutage gefördert. Dass der Embryo bereits über gewisse Hirnfunktionen verfügt, die ihrerseits notwendige Voraussetzungen eines Überlebensinteresses sind, steht dem nicht entgegen.) Sehr gut kann man aber das Neugeborene beobachten, das in seiner geistigen Entwicklung dem Embryo jedenfalls nicht nachsteht. Weder die Wissenschaft noch die Alltagserfahrung (zahlloser Eltern) haben bei einem Neugeborenen bislang Verhaltensweisen oder Reaktionen feststellen können, die sich als Belege für ein Überlebensinteresse – im Unterschied zu einem punktuellen Lebensinteresse oder einem Überlebensinstinkt – deuten lassen. Die Annahme, dass das Neugeborene heute etwa Wünsche nach Zuwendung oder Nahrung am nächsten Tag hat, ist mindestens so spekulativ und willkürlich wie etwa die Annahme, dass eine Katze sich heute Gedanken über ihre Strategie für eine morgige Jagd auf Mäuse macht.

Dem wird man vielleicht Folgendes entgegenhalten: Es ist richtig, dass das menschliche Individuum vor oder kurz nach der Geburt *aktuell* so wenig über ein Überlebensinteresse verfügt wie etwa eine ausgewachsene Katze. Im Unterschied zu einer Katze aber verfügt das menschliche Individuum schon von Beginn seiner Existenz an *potentiell* über ein Überlebensinteresse. Das bedeutet, dass dieses menschliche Individuum so veranlagt ist, dass es, sofern es am Leben bleibt, im Verlauf seiner Entwicklung über kurz oder lang ein aktuelles Überlebensinteresse haben wird. Auch dieses potentielle Überlebensinteresse, das das menschliche Individuum selbst zu Beginn seiner Entwicklung grundlegend vom Tier unterscheidet, muss ausreichen, um ihm das Recht auf Leben zuzusprechen.

Ich werde auf diesen Einwand bzw. dieses Argument im Folgenden noch ausführlich eingehen. Zuvor möchte ich aber auf einen anderen Einwand gegen meine Position zu sprechen kommen, der sich bei einigen Lesern sicher schon seit längerem regt. Er lautet etwa so: Wenn ich selbst behaupte, dass das Überlebensinteresse sich beim menschlichen Individuum erst im Lauf des ersten Lebensjahres nach der Geburt einstellt, bin ich dann nicht auf der Basis meiner eigenen Prämissen zu der Konsequenz gezwungen, dass auch das Lebensrecht dem menschlichen Individuum erst im Lauf des ersten Lebensjahres nach der Geburt zuzusprechen ist? Hätte ein solches Vorgehen aber nicht untragbare Folgen für den Lebensschutz von Kindern? Und beweist das wiederum im Grunde nicht die Absurdität meiner gesamten Position mit ihrer Verknüpfung von Lebensrecht und aktuellem Überlebensinteresse?

Schon im letzten Kapitel (S. 60 f.) wies ich darauf hin, dass nach meiner Auffassung gewisse menschliche Individuen in der Praxis ein Lebensrecht erhalten müssen, obschon sie selber kein Überlebensinteresse haben. Ich möchte diese Auffassung nun näher darlegen und begründen. Man muss im Zusammenhang mit schlechthin jeder rechtsethischen Untersuchung zwei Ebenen der Fragestellung unterscheiden: die Ebene des fundamentalen ethischen Kriteriums; und die Ebene der zielführenden Umsetzung dieses Kriteriums in die richtige Praxisnorm.

Man kann sich diesen Unterschied an folgendem Beispiel leicht klarmachen. Nach unserer Rechtsordnung tritt die so genannte Volljährigkeit des menschlichen Individuums »mit der Vollendung des achtzehnten Lebensjahres ein« (§ 2 Bürgerliches Gesetzbuch). Wie lässt sich diese Grenze für die Volljährigkeit, an die sich bekanntlich eine Vielzahl wichtiger rechtlicher Konsequenzen knüpft, begründen? Ich möchte es dem Leser selber überlassen, diese Frage im Einzelnen zu beantworten, und nur so viel sagen: Auf fundamentaler Ebene dürfte das Kriterium die Erreichung eines bestimmten, inhaltlich zu spezifizierenden Reifegrades sein. Auf der Ebene der Umsetzung aber dürfte die entscheidende Frage lauten, welche schematische Altersgrenze im Blick auf den Normalbürger die Zielvorgabe des beschriebenen Reifegrades in der Rechtspraxis am effizientesten erfüllt. Alles andere als effizient wäre mit Sicherheit eine Norm, die im Unterschied zu dem zitierten § 2 einfach das fundamentale Kriterium selbst zum Inhalt der Rechtsnorm machen und statt der Altersgrenze die inhaltliche Beschreibung des Reifegrades im Gesetzestext anführen würde.

Wenn wir diesen allgemeinen Gedanken rechtsethischer Begründung nun auf unser Problem des Beginns des Lebensrechtes übertragen, so ergibt sich Folgendes. In die Verfassung etwa zu schreiben »Jedes menschliche Individuum mit einem Überlebensinteresse hat das Recht auf Leben«, wäre unter Gesichtspunkten der Praktikabilität und der Rechtssicherheit, wie sich jeder Leser selbst leicht ausmalen kann, offenbar grotesk. Welche zeitliche Grenze in der menschlichen Entwicklung aber würde der fundamentalen Zielvorgabe des individuellen Schutzes aller menschlichen Individuen mit einem Überlebensinteresse in der Rechtspraxis am ehesten gerecht? Ich behaupte: keine andere Grenze als die der Geburt. Die Gründe hierfür sind vielfältig.

Die Grenze der Geburt ist nicht nur für jedermann auf den ersten Blick ungleich leichter feststellbar als jede andere zur Sicherung des Überlebensinteresses überhaupt infrage kommende Grenze. Sie hat vor allem auch den folgenden ganz entscheidenden Vorzug im Hinblick auf das aus dem Lebensrecht ableitbare strikte Verbot des Tötens: Sie verbietet weder zu viel noch zu wenig.

Zu viel würde jede Grenze *vor* der Geburt verbieten. Denn zum einen hat kein menschliches Individuum schon vor der Geburt ein Überlebensinteresse, und zum anderen spricht nichts dafür, dass durch eine eventuelle strafrechtliche Freigabe der Abtreibung indirekt auch irgendwelche menschlichen Individuen, die bereits ein Überlebensinteresse haben, in ihrer Existenz gefährdet werden.

Zu wenig aber würde jede Grenze *nach* der Geburt verbieten. Zwar hat das menschliche Individuum, wie wir sahen, in der ersten Zeit nach der Geburt noch kein Überlebensinteresse, das als solches durch ein Lebensrecht zu schützen wäre. Erstens wissen wir aber nicht, wann genau nach der Geburt das Überlebensinteresse tatsächlich einsetzt; dieser Zeitpunkt mag sogar von Individuum zu Individuum in gewissem Maße variieren. Und zweitens – und dies ist der entscheidende Gesichtspunkt – würde *jede* Grenze nach der Geburt in der Praxis für den Lebensschutz von Kindern, die schon ein Überlebensinteresse haben, auf Dauer zu fatalen Folgen führen. Wir wissen nämlich aus der Erfahrung mit dem Phänomen freier Kindstötung (in den ersten Lebensmonaten) aus früheren Gesellschaften Folgendes: *Jede* strafrechtliche Freigabe der Kindstötung weicht im öffentlichen Bewusstsein und damit in der Realität des menschlichen Zusammenlebens den Schutz von Kleinkindern generell dahingehend auf, dass auch die Tötungen von Kindern jenseits der festgelegten Grenze de facto zunehmen. Auch ohne jede historische Erfahrung dieser Art müsste eine solche Entwicklung durchaus als plausibel gelten. Man male sich einmal im Einzelnen aus, wie sich eine allgemein akzeptierte normative Einstellung »Kleinstkinder in einem frühen Stadium sind noch keine Menschen mit einem eigenen Lebensrecht« langfristig auf unseren Umgang auch mit älteren Kleinstkindern und Kleinkindern auswirken würde.

Wir müssen uns in diesem Zusammenhang insbesondere auch vor Augen halten, dass das Recht auf Leben nicht *irgendeines* unter vielen individuellen Rechten ist, das *irgendeines* unter vielen individuellen Interessen schützt. Das Überlebensinteresse ist das zentrale menschliche Interesse überhaupt, von dessen Schutz die Realisierung aller unserer übrigen selbstbezogenen Interessen abhängt. Dies gilt dementsprechend auch für das Menschenrecht auf Leben. Deshalb müssen wir im Falle dieses Rechts die Grenze für seinen Beginn jedenfalls so festlegen, dass wir keinesfalls zuungunsten des Überlebensinteresses einen Fehler machen: Im Zweifel *für* das Überlebensinteresse und im Zweifel *für* das Recht auf Leben! Insoweit ist die Situation hier eine andere als etwa im Fall der Volljährigkeitsgrenze, die im Hinblick auf den Entwicklungsstand des Durchschnittsmenschen einen Kompromiss darstellen kann.

Wir können der Natur insoweit also dankbar sein, dass sie uns mit der Geburt eine Grenze an die Hand gegeben hat, die nicht nur für jedermann im Alltag ungleich leichter feststellbar ist als jede infrage kommende Alternative, sondern die ebenfalls dem ausschlaggebenden Überlebensinteresse optimalen Schutz gewährt, ohne diesen Schutz unnötig auszuweiten. Aus diesem Grunde können wir die Frage, wann genau das Überlebensinteresse beim Kleinstkind einsetzt, auch ohne weiteres auf sich beruhen lassen.

Um jedenfalls dem Embryo noch kein Überlebensinteresse zuzuschreiben, brauchen wir diese Frage so wenig zu beantworten, wie wir die Frage nach dem exakten Beginn der für die Volljährigkeit erforderlichen Reife beantworten müssen, um sagen zu dürfen, dass jedenfalls ein Zehnjähriger diese Reife noch nicht besitzt. Das Beispiel der Volljährigkeit zeigt außerdem auch, dass die Tatsache der kontinuierlichen Entwicklung einer bestimmten Anlage oder Fähigkeit keineswegs notwendig dagegen spricht, unter einem vorgegebenen normativen Zielpunkt einen rechtlichen Einschnitt vorzunehmen.

Unbegründet unter dem Gesichtspunkt des Schutzes eines Überlebensinteresses wäre es im Übrigen auch, das Recht auf Leben etwa, wie gelegentlich vertreten, mit jenem Zeitpunkt in Geltung zu setzen, zu dem der Embryo auch außerhalb des Mutterleibes überlebensfähig ist. Gegen diese Grenze spricht nicht nur, dass die Überlebensfähigkeit des Embryos sehr stark variiert – je nach Individuum, vor allem aber je nach dem Stand der medizinischen Wissenschaft und der Ausrüstung des jeweiligen Krankenhauses. Gegen diese Grenze spricht vor allem, dass sie im Sinne des soeben Ausgeführten eindeutig *zu viel* verbieten würde. Die Vertreter dieser Grenze verwechseln in ihrer Argumentation gewöhnlich die fundamentale Ebene mit der Praxisebene. Aus der Tatsache, dass das frühgeborene überlebensfähige Individuum das Lebensrecht besitzt und überleben kann, leiten sie ab, dass Gleiches auch für das ungeborene Individuum gleichen Entwicklungsstandes gelten muss. Diese Ableitung wäre aber nur dann begründet, wenn der typische Entwicklungsstand eines geborenen und überlebensfähigen Embryos auf *fundamentaler* Ebene das Kriterium des Lebensrechtes wäre. Es ist aber nicht erkennbar, wie sich dieses Kriterium begründen lassen sollte. Aus der Tatsache, dass prinzipiell auch frühgeborene – wie alle geborenen – Individuen aus den genannten Praxisgründen das Lebensrecht erhalten müssen, folgt keineswegs, dass diese Gründe auch auf ungeborene Individuen zutreffen, nur weil sie denselben Entwicklungsstand wie die betreffenden frühgeborenen Individuen aufweisen.

Nach alledem lässt sich meine Position der Legitimation des Lebensrechtes über das Überlebensinteresse also keineswegs dadurch ad absurdum führen, dass man ihr untragbare Konsequenzen für das Lebensrecht von Kindern unterstellt. Wenn meine Position richtig verstanden wird, ist es auf ihrer Grundlage keineswegs willkürlich, sondern durchaus gut begründet, dem menschlichen

Individuum in unserer Rechts- und Moralpraxis genau vom Zeitpunkt der Geburt an das Menschenrecht auf Leben zuzusprechen und es insofern als »Mensch« im (biologischen wie normativen) Vollsinn des Wortes zu bezeichnen und zu behandeln. Diese Position steht außerdem, wie wir in den zurückliegenden Kapiteln sahen, erstens im Einklang mit unserer Verfassung; und sie interpretiert und präzisiert diese zweitens in einer Weise, die auch mit unserer geltenden Abtreibungsregelung vereinbar ist.

In diesem Zusammenhang wäre es ein Missverständnis, anzunehmen, die Position, wonach dem Embryo kein Lebensrecht zusteht, führe ohne weiteres zur Forderung nach einer völligen Freigabe der Abtreibung. Richtig ist lediglich, dass eine völlige Freigabe der Abtreibung mit dieser Position – anders als mit ihrer offiziell vertretenden Alternative – vereinbar ist. Wir haben uns aber bislang mit der Frage überhaupt noch nicht beschäftigt, ob dem Embryo nicht immerhin der »schlichte Lebensschutz«, wie ich ihn oben (S. 26) vom »qualifizierten Lebensschutz« des individuellen Lebensrechtes ausdrücklich unterschieden habe, zusteht und ob, wenn ja, dieser Lebensschutz nicht vielleicht ausreicht, die Abtreibung unter bestimmten Voraussetzungen zu verbieten. (Diese Frage wird uns neben anderen Fragen in Kapitel 6 beschäftigen).

Meine Position zum Lebensrecht des Menschen würde im Ergebnis nicht nur nicht zu irgendwelchen unannehmbaren praktischen Konsequenzen für den Lebensschutz von Kindern führen; sie würde ganz im Gegenteil den derzeit bestehenden eklatanten Widerspruch zwischen unserer geltenden Verfassung (in ihrer offiziellen Lesart) und unserer geltenden Abtreibungsregelung zum Verschwinden bringen.

Nachdem damit klar sein dürfte, dass die Zuschreibung eines Lebensrechtes auch an Kleinstkinder entgegen anderslautenden Behauptungen mit meiner allgemeinen Begründungstheorie durchaus in Einklang steht, möchte ich nun noch auf einige weitere Punkte eingehen, in denen dieser Theorie von Anhängern eines Lebensrechts von der Befruchtung an zu Unrecht untragbare Konsequenzen unterstellt werden. Man kann sich, was diese Punkte angeht, des Eindrucks nicht erwehren, dass hier Dammbruchszenarien für den generellen Lebensschutz des Menschen nicht zuletzt deshalb konstruiert werden, um von dem offenkundigen Begründungsdefizit der eigenen Position abzulenken.

Diese Punkte betreffen vor allem das Lebensrecht von schlafenden und bewusstlosen Menschen, von schwer kranken und behinderten Menschen und von alten und hinfälligen Menschen. In all diesen Fällen wird unterstellt, meine Theorie des Überlebensinteresses sei nicht in der Lage, das Lebensrecht dieser Menschen zu begründen, und könne deshalb, falls akzeptiert, unter Umständen katastrophale Konsequenzen haben. Diese Unterstellungen sind aus mehreren Gründen falsch.

Zunächst einmal sei darauf hingewiesen, dass rechtliche und moralische Institutionen (wie das Menschenrecht auf Leben) nicht wie befehlsartige Anordnungen verstanden werden können, die jemand heute gibt, um sie möglicherweise schon morgen wieder aufzuheben. Institutionen können ihre Funktion des wirksamen Schutzes typisch menschlicher Interessen überhaupt nur dann erfüllen, wenn dieser Schutz auf Dauer angelegt ist, insofern das betreffende Individualrecht an ein (auch möglicherweise nicht ununterbrochen aktuell vorhandenes) Interesse dauerhaft geknüpft wird. Man kann eine Institution nicht wie einen Lichtschalter je nach Momentanbedarf an- und abschalten. Deshalb kommt es von vornherein nicht in Betracht, Menschen je nach momentaner Interessenlage ihre Rechte im Wechsel zu- und abzusprechen. Wie sollten praktikable Verfassungsnormen, die solches vorsähen, denn wohl auch lauten? Zu dieser allgemeinen rechtstheoretischen Erwägung kommen im Fall des Lebensrechtes jedoch die folgenden Argumente, die auch ohne diese Erwägung schon vollkommen ausreichen, die obigen Unterstellungen zurückzuweisen.

Was Menschen im Zustand des Schlafes oder der vorübergehenden Bewusstlosigkeit angeht, so haben wir oben (S. 54 f.) schon gesehen, dass und warum sie auch in diesem Zustand durchaus ein Überlebensinteresse haben, so dass ihnen selbstverständlich ohne Unterbrechung das Recht auf Leben zusteht. Dies muss aus den im vorliegenden Kapitel genannten Gründen natürlich auch für Kinder jeden Alters gelten.

Was nun aber Überlebensinteresse und Lebensrecht von Menschen mit Defekten oder von Menschen am Ende ihres Lebens angeht, so ist grundsätzlich Folgendes zu bedenken. Das Lebensrecht ist, wie wir schon sahen, für den Menschen und sein Überlebensinteresse von so zentraler Bedeutung , dass es jedenfalls *im Zweifel* zu gewähren ist. Dieses Prinzip aber hat nicht nur, wie gezeigt, Auswirkungen auf den begründeten Beginn des Lebensrechtes. Es hat ebenfalls Auswirkungen auf das Ende des Lebensrechtes sowie ganz generell auf den Kreis der mit dem Lebensrecht auszustattenden geborenen menschlichen Individuen.

Nach unserer Verfassung ist die Lage klar: Absolut jedes geborene menschliche Individuum hat als Mensch das Recht auf Leben bis zum Lebensende. Genau diese Regelung ist aber nach der von mir vertretenen Sichtweise auch ethisch uneingeschränkt gerechtfertigt. Man kann zwar theoretisch spekulieren, inwieweit etwa gewisse schwer geisteskranke Menschen oder Menschen mit gewissen Krankheiten am Lebensende in ihrer Situation ein Überlebensinteresse haben. Solche Spekulationen dürfen aber in der Praxis keinesfalls die Basis für einen eventuellen Entzug des Lebensrechtes bilden. Dafür sind sie viel zu unsicher. Es gibt keine eindeutig definierbare Kategorie von Menschen bzw. Kranken, von denen man mit absoluter Sicherheit sagen könnte, dass sie ein Überlebensinteresse nicht mehr haben bzw. von Lebensbeginn an nie gehabt haben. Es wäre ganz untragbar, das wichtigste Individualrecht unserer Rechtsordnung etwa vom jeweiligen, dem Wechsel unterworfenen Stand einer medizinischen Wissenschaft abhängig zu machen.

Die Behauptung, wer *irgendeiner* Kategorie menschlicher Individuen (wie den Embryonen) unter dem Gesichtspunkt ihres mangelnden Überlebensinteresses das Recht auf Leben abspreche, könne es mit derselben Begründung in der Realität auch anderen Kategorien absprechen, ist deshalb falsch. Es gibt keine eindeutig definierbare Kategorie von Kranken, von denen man mit derselben Sicherheit sagen könnte, dass sie ein Überlebensinteresse *nicht mehr* haben, mit der man von Embryonen sagen kann, dass sie ein Überlebensinteresse *noch nicht* haben.

Auch schwer und unheilbar Kranken am Ende ihres Lebens darf deshalb ihr Lebensrecht unter keinen Umständen entzogen werden. Dies gilt auch unter der Bedingung, dass sie sich selber für einen vorzeitigen Tod entscheiden und um Sterbehilfe bitten. Inwieweit eine solche Sterbehilfe rechtlich zugelassen werden sollte, ist nicht Thema dieser Abhandlung. Ich möchte hier nur darauf hinweisen, dass Sterbehilfe keineswegs im Widerspruch zum Recht auf Leben stehen muss. Denn ebenso wie beispielsweise jemand, der das Recht auf Unverletzlichkeit der Wohnung hat (nach Artikel 13 Grundgesetz), Personen gegenüber, die er zu sich eingeladen hat, auf die *Geltendmachung* dieses Rechtes verzichtet, kann er im Prinzip auch seinem Arzt gegenüber auf die Geltendmachung seines Lebensrechtes verzichten. Das Lebensrecht als solches geht ihm dadurch nicht verloren; sonst verlöre er ja den entsprechenden Lebensschutz gegenüber jedermann und könnte außerdem seinen

Wunsch nach Sterbehilfe nicht mehr, wenn er wollte, wirksam widerrufen.

Nach alledem steht das Lebensrecht einem menschlichen Individuum auch dann zu, wenn dieses Individuum ein Überlebensinteresse jedenfalls *möglicherweise* hat. Die so präzisierte Position zum Lebensrecht bietet nun allerdings eine Angriffsfläche für einen ernst zu nehmenden und interessanten Einwand zugunsten des Lebensrechtes von der Befruchtung an, nämlich den Einwand des oben schon kurz angesprochenen *potentiellen* Überlebensinteresses. Interessant ist dieser Einwand besonders deshalb, weil er nicht etwa auf einer naturrechtlichen oder ähnlichen Grundlage, sondern auf der Grundlage der interessenfundierten Theorie des Lebensrechtes selbst beansprucht, einen früheren Zeitpunkt als den der Geburt für das Lebensrecht des menschlichen Individuums legitimieren zu können. Der Einwand findet sich in zwei verschiedenen Versionen.

In einer ersten Version lässt sich der Einwand wie folgt formulieren. Wenn es für die Einräumung des Lebensrechtes grundsätzlich auf die Möglichkeit – im Unterschied zur aktuellen Wirklichkeit – eines Überlebensinteresses ankommt, dann besteht diese Möglichkeit ja auch beim Embryo. Wie könnte er sich sonst im Normalfall zu einem Menschen mit aktuellem Überlebensinteresse entwickeln? Wenn dem geborenen menschlichen Individuum mit einem möglichen Überlebensinteresse das Lebensrecht zusteht, dann muss auch dem ungeborenen menschlichen Individuum mit einem möglichen Überlebensinteresse das Lebensrecht zustehen.

Der Einwand ist in dieser Version jedoch kaum überzeugend. Man muss nämlich, wie wir sogleich sehen werden, verschiedene Arten von realer, also nicht nur logischer Möglichkeit oder Potentialität unterscheiden: die Möglichkeit *gleichzeitiger* Wirklichkeit und die Möglichkeit lediglich *künftiger* Wirklichkeit. Die letztere Möglichkeit ist im Fall von Lebewesen häufig identisch mit einer *Anlage*. So hat der Embryo die Anlage zu einem Menschen mit Überlebensinteresse.

Dementsprechend haben gewisse Individuen schon als Embryonen die Anlage etwa zum Klavierspiel. Das heißt freilich nicht, dass beispielsweise das musikalische Wunderkind Mozart schon als Embryo Klavier spielen konnte. Zwar konnte Wolfgang Amadeus auch als Zehnjähriger de facto häufig nicht Klavier spielen – während er schlief oder etwa in einer Reisekutsche saß. In einem anderen, und zwar ganz wesentlichen Sinn des Wortes aber »konnte« er als Zehnjähriger *jederzeit*, ob daheim oder auf Reisen, wach oder schlafend, Klavier spielen. Und genau in diesem Sinn des Wortes (im Sinn der Möglichkeit *gleichzeitiger* Wirklichkeit) »konnte« er als Embryo oder Kleinstkind *nicht* Klavier spielen. Es ist nämlich naturgesetzlich in mehr als einer Hinsicht völlig ausgeschlossen, dass ein Embryo oder Kleinstkind schon Klavier spielt.

Deshalb kann auch ein Embryo aktuell noch kein Überlebensinteresse haben, so wie ein Kind oder ein Erwachsener aktuell ein Überlebensinteresse haben kann. Es spricht insofern nichts dafür, einem Embryo wegen der (bloß anlagemäßigen) Möglichkeit eines *künftigen* Überlebensinteresses ein Lebensrecht schon deshalb zuzusprechen, weil wir auch einem Kind oder einem Erwachsenen wegen der (stets vorhandenen) Möglichkeit eines *aktuellen* Überlebensinteresses ein Lebensrecht zusprechen. Der Embryo als potentieller Mensch muss nicht unbedingt dieselben Rechte erhalten wie ein aktueller Mensch. Ein Kind erhält ja auch nicht das politische Wahlrecht, weil es ein potentieller Erwachsener ist.

Aber, so mag man im Sinn der zweiten Version des Einwandes des potentiellen Überlebensinteresses fragen, ist die Situation im Fall von Anlagen, denen durch die fehlende Anerkennung des betreffenden Rechtes eine Schädigung oder gar Zerstörung droht, nicht eine ganz spezielle? Gewiss wird das Wahlinteresse des späteren Erwachsenen nicht dadurch berührt, dass man ihm als Kind das Wahlrecht nicht gegeben hat. Andere Interessen und Rechte des späteren Erwachsenen können jedoch sehr wohl dadurch berührt und auch verletzt werden, dass man mit ihm als Kind oder als Embryo in bestimmter Weise umgegangen ist.

Man betrachte das Beispiel des Individuums I, das mit einem Herzdefekt zur Welt kommt, weil seine Mutter während der Schwangerschaft den Embryo durch massiven Alkoholmissbrauch geschädigt hat. Muss es – als Verletzung eines Menschenrechtes – nicht strikt verboten sein, einen Embryo derart zu schädigen? Diese Frage möchte ich ohne jeden Vorbehalt bejahen. Um zu sehen, was aus dieser Bejahung für den Schutz speziell des Überlebensinteresses folgt bzw. nicht folgt, muss man sich jedoch die Mühe machen, etwas genauer hinzuschauen.

Wessen Interesse (und damit wessen Recht) wird durch die Schädigung verletzt? Mit Sicherheit das Interesse des späteren Erwachsenen I; denn I hat – so darf man für den Normalfall annehmen – Interesse an einem möglichst langen und gesunden Leben. Die Interessenverletzung I's durch den Alkoholmissbrauch seiner Mutter ist dabei unabhängig davon, ob I von diesem Verhalten seiner Mutter sowie von seinem Herzdefekt jemals etwas erfährt. Eine Interessenverletzung braucht dem Betroffenen nicht bekannt zu sein, da der Gegenstand des Interesses und der Gegenstand des dem Interesse letztlich zugrunde liegenden Wunsches nicht identisch sein müssen (vgl. S. 53 f.). So verletzt jemand meinen Wunsch nach einem möglichst langen und gesunden Leben (sowie mein gleich lautendes Interesse) auch dann, wenn er ohne mein Wissen in meiner Nachbarschaft die Luft verseucht und damit mein Interesse an sauberer Luft verletzt, das ich deshalb habe, weil ich an einem möglichst langen und gesunden Leben interessiert bin.

Verletzt die oben genannte Schädigung aber auch bereits ein Interesse des Embryos I? Dies ist nicht möglich; denn selbst wenn I als Embryo bereits *gewisse* Wünsche und somit Interessen hat (wie vielleicht das Interesse an Schmerzvermeidung), so hat er doch mit Sicherheit noch kein Interesse an einem möglichst langen und gesunden Leben. Es ist deshalb auch nicht der Embryo I, sondern – abgesehen von dem Kind I – der Erwachsene I, dessen Interesse und dessen entsprechendes Recht durch die Schädigung verletzt werden. Man kann ganz generell durch eine Handlung zu einem Zeitpunkt 1 Interessen bzw. Rechte eines bestimmten Individuums verletzen, die dieses Individuum erst zu einem späteren Zeitpunkt 2 haben wird. Man kann sogar die Interessen bzw. Rechte von Individuen verletzen, die derzeit noch gar nicht leben – etwa ganzer künftiger Generationen.

Ist nun also wirklich, wie der Einwand suggeriert, die in einer Tötung des Embryos I liegende Zerstörung seiner Existenz mit allen ihren Anlagen in Wahrheit eine viel gravierendere Interessenverletzung als die Zerstörung bzw. Schädigung bloß seiner Anlage zu einem normalen und gesunden Leben? Dies wäre in der Tat bei jedem Individuum mit einem Überlebensinteresse sicherlich der Fall. Die obigen Ausführungen zeigen aber, dass es beim Embryo als einem Wesen ohne Überlebensinteresse gerade nicht der Fall ist: Durch die Tötung des Embryos I wird nämlich überhaupt kein Interesse – weder ein Interesse von I als Embryo noch ein Interesse von I als Erwachsener – verletzt! Durch die Schädigung dagegen wird zwar auch kein Interesse von I als Embryo, sehr wohl aber ein Interesse von I als Erwachsener verletzt. Die Tötung eines Embryos ist und bleibt unter dem Gesichtspunkt einer Interessenverletzung ganz unvergleichbar mit der Tötung eines Individuums mit Überlebensinteresse.

Ist eine solche Argumentation aber, so mag man fragen, nicht sophistisch oder sogar zynisch? Durch die Tötung des Embryos I wird doch nur deshalb kein Überlebensinteresse des Erwachsenen I verletzt, weil gerade durch die Tötung ja bewusst verhindert wird, dass es den Erwachsenen I jemals geben wird. Es ist von zentraler Bedeutung für die von mir vertretene Position zum Lebensrecht, dass man erkennt, warum dieser Vorwurf nicht berechtigt ist.

Es ist völlig richtig, dass durch die Tötung eines Embryos verhindert wird, dass es ein bestimmtes Individuum mit einem Überlebensinteresse überhaupt geben wird. Für wen aber ist dies denn tragisch? Für mich selbst könnte es nicht tragisch sein, wenn ich als Embryo getötet worden wäre; denn ich wäre heute gar nicht existent, um mich darüber beklagen zu können. (Natürlich wäre es für mich *heute* auch nicht tragisch, wenn ich etwa vor zwanzig Jahren getötet worden wäre. In diesem Fall wäre es für mich aber *damals* tragisch im Sinn einer Interessenverletzung gewesen – und zwar deshalb, weil ich damals schon als Individuum mit einem weit in die Zukunft reichenden Überlebensinteresse existierte.)

Etwas ganz anderes ist es, wenn ich konstatiere, dass ich heute *froh* darüber bin, dass ich als Embryo nicht getötet wurde. Froh bin ich in diesem Zusammenhang über eine ganze Reihe von Handlungen bzw. Unterlassungen, die unverzichtbare Voraussetzungen meiner heutigen Existenz waren: dass meine Eltern sich getroffen haben; dass meine Eltern sexuellen Kontakt hatten; dass meine Eltern meine Empfängnis nicht in irgendeiner Form verhütet haben; dass meine Mutter meine Einnistung nicht verhindert hat; dass meine Mutter mich nicht abgetrieben hat. Alle diese Handlungen und Unterlassungen hätten im umgekehrten Fall ein und dasselbe Resultat gehabt: Ich wäre heute nicht existent und könnte sie heute deshalb auch nicht begrüßen. Alle diese Handlungen und Unterlassungen haben tatsächlich aber stattgefunden und zu meiner heutigen Existenz mit meinem heutigen Überlebensinteresse geführt. Kann ich daraus heute aber ein Recht auf eine dieser Handlungen oder Unterlassungen ableiten?

Die *Verletzung* eines Überlebensinteresses ist eine Sache, die *Erzeugung* oder Förderung der Entstehung eines Überlebensinteresses (bzw. eines Individuums mit einem solchen) ist eine ganz andere Sache! Auch diese Erzeugung eines Überlebensinteresses ist normativ sicher nicht als indifferent, sondern normalerweise durchaus als erfreulich und verdienstvoll zu beurteilen, wie wir im folgenden Kapitel noch näher sehen werden. Das berechtigt aber nicht dazu, beide Verhaltensweisen über einen Kamm zu scheren und auch die

Förderung der Entstehung eines Überlebensinteresses bereits mit einem Lebensrecht des betreffenden Individuums zu verknüpfen.

Natürlich kann der Vertreter eines Lebensrechtes von der Befruchtung an, um jeder Parallelisierung zwischen Empfängnisverhütung und Abtreibung vorzubeugen, einfach das Postulat aufstellen, es gehe hier nur um das Verbot bestimmter *Handlungen,* und zwar zu einem *Zeitpunkt,* zu dem das betreffende Individuum als Embryo schon existiert. Dies ist sicher eine denkmögliche Position. Der entscheidende Punkt ist aber: Für eine solche normative Einengung besteht unter dem im vorliegenden Kapitel thematisierten Gesichtspunkt der Verletzung bzw. Förderung von Interessen nicht der geringste Grund! Es bleibt dabei, dass sich ein solches Postulat, wenn überhaupt, so nur auf einer naturrechtlichen oder ähnlichen Basis begründen lässt.

Wenn einige Diskursteilnehmer in unserer Gesellschaft, um das gewünschte Ergebnis zu erreichen, fordern, der Erwachsene mit seinen gegenwärtigen Interessen müsse sich in den Embryo, aus dem er entstanden ist, hineinversetzen, so ist dem zweierlei entgegenzuhalten. Erstens müsste dieser Erwachsene sich dann ebenso in die Eizelle und in die Samenzelle, aus denen er entstanden ist, hineinversetzen, um auch diesen Formen menschlichen Lebens ein Lebensrecht (jedenfalls im Sinne eines Abwehrrechts gegen jede aktive Empfängnisverhütung) zuzugestehen. Und zweitens ist grundsätzlich kaum zu verstehen, wie man sich überhaupt in irgendein Lebewesen »hineinversetzen« kann, das entweder gar keine oder ganz andersartige Interessen hat als man selbst. Wenn hierfür etwa der beiden Wesen gemeinsame Aspekt des *Lebens* schon als ausreichend gelten sollte, dann könnte man sich – mit gleichem Ergebnis wie im Fall des Embryos – beispielsweise auch in einen Baum »hineinversetzen«.

Ganz und gar willkürlich verfahren aber vom Standpunkt einer interessenfundierten Ethik aus solche Positionen, die dem Embryo zu irgendeinem Zeitpunkt innerhalb der Schwangerschaft – etwa mit Beginn der dreizehnten Woche – das Lebensrecht zusprechen. Denn einerseits hat der Embryo ein *aktuelles* Überlebensinteresse in seinem fünften Lebensmonat mit Sicherheit so wenig wie in seinem zweiten Lebensmonat. Und andererseits hat der Embryo ein gewisses *potentielles* Überlebensinteresse in seinem zweiten Lebensmonat mit Sicherheit so sehr wie in seinem fünften Lebensmonat. Positionen, die hier einen Einschnitt vornehmen, sind am ehesten als Anpassungsmanöver an das derzeit geltende Abtreibungsrecht und die ihm zugrunde liegenden politischen Kompromisse zu verstehen.

Häufig wird in den Erörterungen zum Beginn des Menschenrechtes auf Leben dem Begriff der *Person* eine entscheidende Bedeutung beigemessen und gefragt, ob der Embryo bereits als Person betrachtet werden müsse. Ich halte ein solches Vorgehen für wenig hilfreich. Der Personbegriff spielt nicht nur in unserer Verfassung keine Rolle. Er ist auch als ethisches Kriterium schon deshalb ungeeignet, weil er außerordentlich vage ist und – je nach Einstellung des betreffenden Autors – als Vehikel ganz unterschiedlicher (empirischer, metaphysischer sowie religiöser) Attribute dienen kann.

# 6
# Die Schutzwürdigkeit des Embryos und ihre Grenzen

Dass dem Embryo als ungeborenem menschlichem Individuum das Menschenrecht auf Leben noch nicht zusteht, bedeutet, wie wir schon in Kapitel 2 sahen, vor allem zweierlei. Erstens scheidet der Embryo automatisch aus dem Schutzbereich unserer Verfassung aus. Und zweitens entfällt jeder Grund, dem Embryo durch Normen außerhalb der Verfassung jenen *qualifizierten* Lebensschutz einzuräumen, der mit dem Recht auf Leben Hand in Hand geht. Damit ist jedoch noch nichts darüber gesagt, ob es nicht gute ethische Gründe gibt, dem Embryo durch Normen außerhalb der Verfassung einen gewissen *schlichten* Lebensschutz einzuräumen. Auch ein solcher Lebensschutz könnte für die Anwendungsbereiche der Abtreibung, der Präimplantationsdiagnostik (PID) und der Embryonenforschung strafrechtliche Konsequenzen haben.

Lässt es sich also begründen, dem Embryo überhaupt einen Lebensschutz zu gewähren? Wenn ja, zu welchen Konsequenzen sollte dieser Lebensschutz im Einzelnen führen?

Vor allem der folgende Gesichtspunkt spricht dafür, dem Embryo einen Lebensschutz durch unsere Rechtsordnung und unsere Sozialmoral zuteilwerden zu lassen. Der Embryo ist, wie wir im vorigen Kapitel sahen, ein potentieller Mensch: ein menschliches Individuum, das sich unter normalen Bedingungen zu einem Menschen entwickeln wird. Stellen wir uns nun einmal vor, in hundert Jahren, wenn wir alle tot sind, gäbe es auf der Erde keine Menschen mehr. Und stellen wir uns weiter vor, dieses Ergebnis käme auf eine Weise zustande, bei der kein einziger Mensch unter Verletzung seines Lebensrechtes getötet würde – einfach dadurch, dass niemand mehr Kinder hätte.

Die allermeisten von uns würden dies vermutlich sehr bedauern. Denn wir sehen darin, dass Menschen leben und sich ihres Lebens erfreuen, gewöhnlich einen hohen *Wert,* der es verdient, bewahrt und gefördert zu werden. Embryonen aber sind als potentielle Menschen notwendige Vorläufer von Menschen: Ohne Embryonen gibt es keine Menschen. Insofern haben wir guten Grund, auch Embryonen an unserer Wertschätzung teilhaben zu lassen und sie dementsprechend auch zu schützen. Der Grund für diese

Wertschätzung des Embryos liegt also nicht in seinen gegenwärtigen, schon aktualisierten Eigenschaften und Fähigkeiten. Er liegt vielmehr in der Chance, dass seine Potentialität in absehbarer Zeit zur Aktualisierung der typisch menschlichen Eigenschaften und Fähigkeiten führen wird. Wir wollen diese Wertschätzung bzw. das hinter ihr stehende Interesse als unser *Gattungsinteresse* an der Existenz des Embryos bezeichnen.

Es wäre in der Tat wohl mehr als merkwürdig, wenn wir zwar gewisse Tier- und Pflanzenarten wegen ihres Gattungswertes schützten (was tatsächlich ja geschieht), nicht aber unserer eigenen, der höchstentwickelten Spezies auf dem Erdball Schutz gewährten. Dieser Schutz sollte jedenfalls mit der Befruchtung einsetzen, da von diesem Zeitpunkt an eine gewisse (mit der Einnistung stark ansteigende) Wahrscheinlichkeit besteht, dass neun Monate später ein neuer Mensch das Licht der Welt erblickt. Zudem ist die Entwicklung des menschlichen Individuums vom frühesten Embryo hin zum voll entwickelten Menschen eine kontinuierliche. Dies schließt zwar nicht aus, dass gewisse menschliche Eigenschaften und Fähigkeiten – wie das Überlebensinteresse oder die Fähigkeit zur Selbstverantwortung – erst irgendwann nach der Geburt (zu jeweils unterschiedlichen Zeitpunkten) einsetzen. Und es schließt auch nicht aus, dass an diese Zeitpunkte bzw. an äußerlich auffällige Ereignisse in ihrem Umkreis bestimmte rechtliche Folgen geknüpft werden – wie das Lebensrecht an die Geburt. Trotzdem ist die Entwicklung des menschlichen Individuums in dem Sinn kontinuierlich, dass sämtliche artspezifischen Anlagen im frühesten Embryo bereits enthalten sind und sich in einem, insgesamt gesehen, allmählichen Entwicklungsprozess zur Aktualität entfalten.

Da wir das Leben von Menschen generell wertschätzen, haben wir insofern also allen Grund, auch das Leben menschlicher Individuen, die erst potentielle Menschen sind, in jeder Phase ihrer Entwicklung wertzuschätzen, indem wir diese Individuen schützen und uns ihnen gegenüber nicht gleichgültig verhalten. Dabei ist es keineswegs von vornherein ausgeschlossen, diesen Lebensschutz dem sich entwickelnden Embryo in einer seinem jeweiligen Entwicklungsstand entsprechenden, gestuften Form zuteilwerden zu lassen. (Für das Menschenrecht auf Leben gilt, wie wir auf S. 39 f. sahen, etwas anderes.) Denn je älter der Embryo ist, umso näher steht er zeitlich dem Stadium des Menschseins und umso größer ist normalerweise die Wahrscheinlichkeit, dass er dieses Stadium, um dessentwillen wir ihn wertschätzen und das zudem ja mit dem qualifizierten Lebensschutz des Menschenrechts auf Leben verbunden ist, auch erreichen wird.

Hinzu kommt, dass wir als Menschen auch dem einzelnen Embryo als einem sich zum Menschen entwickelnden Angehörigen der eigenen Spezies gewöhnlich gewisse Beschützerinstinkte entgegenbringen. Diese Instinkte bzw. unser aus ihnen abgeleitetes *Schutzinteresse* dem Embryo gegenüber differieren aber stark je nach dem Entwicklungsstand des Embryos. Wenn wir uns etwa einen Fötus in der dreißigsten Schwangerschaftswoche vor Augen führen, so beeindruckt uns: Dieser Embryo ist bereits – in gewissem Maß – empfindungsfähig; er ist bereits – unter günstigen Umständen – außerhalb des Mutterleibes überlebensfähig; er sieht bereits dem neugeborenen Kind – in vieler Hinsicht – ähnlich. Derartige Tatsachen tragen beim Normalbürger ohne Zweifel in hohem Maße dazu bei, dem Embryo in der dreißigsten Schwangerschaftswoche ein deutlich stärkeres Schutzinteresse entgegenzubringen als dem Embryo etwa in der zehnten Schwangerschaftswoche oder gar dem Embryo vor der Einnistung.

Nach alledem spricht sowohl unser Gattungsinteresse als auch unser auf das Individuum bezogene Schutzinteresse dafür, jedem Embryo einen gewissen – schlichten sowie abgestuften – Lebensschutz zu gewähren. Die Kernfrage hier lautet: Wie weit soll dieser Schutz des Embryos im Einzelnen gehen? Inwieweit ist es insbesondere zulässig, ihn gegenüber widerstreitenden Interessen mit Mitteln des Strafrechts durchzusetzen? Es wäre sicherlich vermessen zu beanspruchen, auf diese Frage in jeder Hinsicht die einzig akzeptable Antwort parat zu haben. Trotzdem möchte ich im Folgenden versuchen, einige Antworten zu finden, die jedenfalls vertretbar sind, und diese Antworten durch Argumente stützen. Auch jener Leser, der diese Antworten nicht für akzeptabel hält, dürfte für seine eigene Meinungsbildung von einem solchen Vorgehen mehr profitieren als von einer bloßen Aneinanderreihung unterschiedlicher Auffassungen.

Ohne weiteres dürfte einleuchten, dass jede willkürliche oder mutwillige Tötung des Embryos zu verbieten ist. Worin sollte sein Schutz sonst überhaupt bestehen? Wann aber ist eine Tötung *nicht* willkürlich oder mutwillig? Auf sehr allgemeine Weise lässt sich antworten: wenn auf der Basis von Interessen, die als solche nachvollziehbar und auch legitim sind, für die Tötung ein vernünftiger Grund besteht. So ist zum Beispiel auch die Tötung eines Wirbeltieres nach unserem geltenden Tierschutzgesetz (§ 17) ausdrücklich dann nicht rechtswidrig und strafbar, wenn sie auf einem »vernünftigen Grund« basiert. Mit diesem Hinweis soll natürlich nicht gesagt sein, dass ein vernünftiger Grund für die Tötung eines Embryos mit einem vernünftigen Grund für die Tötung eines Wirbeltieres einfach identisch wäre.

Was jedoch gesagt sein soll, ist dieses: Der Lebensschutz von Embryonen wie von anderen Lebewesen ist – ganz anders als das Lebensrecht menschlicher Individuen – ohne weiteres der *Abwägung* zugänglich. Und zwar muss diese Abwägung darauf hinauslaufen, ob wir in einer bestimmten Konstellation das ungeborene Leben des Embryos höher bewerten können als irgendwelche widerstreitenden Interessen. Zwei auf den ersten Blick recht unterschiedliche Konstellationen, was den Embryo angeht, sind hier zu unterscheiden: die Existenz des Embryos in vivo (im Mutterleib) und die Existenz des Embryos in vitro (im Reagenzglas).

Beginnen wir mit der Existenz des Embryos in vivo. Dass der Embryo jedenfalls nicht ohne Zustimmung der Schwangeren getötet werden darf, ist selbstverständlich. Sowohl das Interesse der Frau an ihrem künftigen Kind als auch ihr Recht auf »körperliche Unversehrtheit« (Artikel 2 Grundgesetz) stehen dem entgegen. Wie aber ist eine Abtreibung auf ausdrücklichen Wunsch der Schwangeren zu beurteilen? Ist das Interesse am Abbruch einer unerwünschten Schwangerschaft stärker zu gewichten als unsere Wertschätzung des Embryos? Jede Schwangerschaft ist mit erheblichen Einschränkungen, Beschwernissen und Unzuträglichkeiten für die Frau verbunden. Hinzu kommt die bevorstehende, alles in allem noch weit größere, weil jahrelange Belastung *nach* der Geburt. Zwar kann sich die Frau dieser Belastung häufig durch eine Freigabe des Kindes zur Adoption entziehen; aber keineswegs für alle Kinder finden sich tatsächlich adoptionswillige Personen, so dass die Frau insofern während der Schwangerschaft keine Sicherheit besitzt.

Zu welchem Ergebnis führt nun die Abwägung zwischen dem Interesse der Schwangeren an der Beendigung ihrer unerwünschten Schwangerschaft auf der einen Seite und unserem Gattungs- sowie Schutzinteresse gegenüber ihrem Embryo auf der anderen Seite? Besteht unter diesen Umständen für die gewünschte Abtreibung kein »vernünftiger Grund«, sondern muss sie als »willkürlich oder mutwillig« betrachtet werden? Dürfen wir insbesondere die Frau, wenn sie sich gegen ihre Schwangerschaft entscheidet, dafür bestrafen?

Es ist für mich schwer nachvollziehbar, wie man die beiden letzten Fragen bejahen kann. Wie könnten die Argumente aussehen, mit denen der Anhänger eines strafrechtlichen Verbots der ihm obliegenden Begründungspflicht (siehe oben S. 8 f.) tatsächlich genügen würde? Man sollte in diesem Zusammenhang auch Folgendes bedenken. Trotz unserer hohen Wertschätzung der Existenz künftiger Menschen erkennt unsere Gesellschaft keine allgemeine Pflicht – auch nicht im Sinne einer *prima facie* bestehenden Pflicht unter zumutbaren Bedingungen – zu eigenem Nachwuchs an. Und die Empfängnisverhütung in ihren verschiedenen Formen ist bei uns nicht nur nicht verboten, sondern wird nicht selten sogar offen propagiert. Unter dem Gesichtspunkt des oben angeführten Gattungsinteresses versteht sich dieses aber keineswegs von selbst: Dass das Gattungsinteresse ein Grund zum Schutz von *existenten* Embryonen ist, bedeutet ja nicht, dass es nicht außerdem auch einen Grund für eine gewisse Förderung der Existenz *künftiger* Embryonen – und damit künftiger Menschen – bilden kann.

Nun steht der Embryo dem künftigen Menschen, der sich aus ihm entwickeln kann, zeitlich näher als die noch unbefruchtete Eizelle; die Chance eines künftigen Menschen hat sich insofern erhöht. Kann dies allein aber einen drastisch unterschiedlichen sozialen Umgang mit den betreffenden Praktiken der Verhinderung eines künftigen Menschen legitimieren?

Man vergleiche einmal die folgenden Handlungsweisen. 1. Eine verheiratete Frau, die bereits vier Kinder hat, nimmt eine Abtreibung vor, weil sie sich durch weitere Kinder überfordert fühlt. 2. Eine ledige Frau, die um ihrer Karriere willen keine Kinder haben will, praktiziert über Jahre erfolgreich Empfängnisverhütung. 3. Ein Arzt sterilisiert auf Wunsch zahllose Frauen, die aus irgendwelchen Gründen entweder keine oder keine weiteren Kinder haben wollen. Jeder Leser möge sich die Frage stellen: Welche dieser Handlungsweisen sollte unter dem vorliegenden Gesichtspunkt der Förderung der Existenz künftiger Menschen am ehesten, wenn überhaupt, verboten werden?

Allerdings haben wir bei diesem Vergleich das oben angeführte Schutzinteresse gegenüber dem individuellen Embryo nicht berücksichtigt. Dieses gefühlsgesteuerte Interesse dürfte aber kaum ausreichen, in einem liberalen, an der Selbstbestimmung des Individuums orientierten Staat einen hinreichenden Grund für die Strafwürdigkeit des Abbruchs einer unerwünschten Schwangerschaft zu bilden. Selbst ein moralisch fragwürdiges Verhalten, das die

Mehrheit der Bevölkerung ablehnt, kann allein deshalb nicht als strafwürdig betrachtet werden. Ein elementares und gewichtiges Interesse der *unmittelbar* Betroffenen ist im Normalfall offensichtlich stärker zu gewichten als das Interesse der breiten Bevölkerung an der Beachtung ihrer Gefühle oder moralischen Ideale. (Dass unser Urteil im Ergebnis völlig anders ausfallen müsste unter der Voraussetzung, dass dem Embryo bereits das Menschenrecht auf Leben zusteht, sahen wir oben S. 38 f.)

Könnte es aber nicht gleichwohl gute Gründe geben, in puncto Lebensschutz zumindest zwischen einer Früh- und einer Spätabtreibung – etwa im Sinne unseres geltenden Strafrechts (siehe oben S. 40) – einen gewissen Unterschied zu machen? Ich möchte diese Frage letztlich offen lassen, wenngleich ich dazu neige, sie zu verneinen.

Für eine normative Differenzierung zwischen Früh- und Spätabtreibung könnte man, wie schon angedeutet, etwa die folgenden Argumente ins Feld führen. Zum einen steht der späte Embryo, der Fötus, dem Menschen, der sich aus ihm entwickeln kann, zeitlich deutlich näher als der frühe Embryo. Zum anderen steht der späte Embryo auch, was seine aktuellen Fähigkeiten und seine Gestalt betrifft, dem Menschen deutlich näher als der frühe Embryo. Vor allem der zweite Punkt des schon erreichten embryonalen Status dürfte viele Bürger aufgrund ihres Schutzinteresses stark in Richtung einer erheblichen Differenzierung motivieren.

Man kann auch sicher nicht bestreiten, dass der späte Embryo aus diesen beiden Gründen generell schutzwürdiger ist als der frühe Embryo. Die Frage bleibt jedoch, ob die erhöhte Schutzwürdigkeit schon ausreicht, das Interesse der im Spätstadium ihrer Schwangerschaft abtreibungswilligen Frau zu überwiegen.

Man könnte in diesem Zusammenhang der Meinung sein, dass in dem Maße, in dem die Schutzwürdigkeit des Embryos zunimmt, ein nachvollziehbares Abtreibungsinteresse der Frau abnimmt. Daran ist richtig, dass die Belastungen durch die noch bevorstehende Zeit der Schwangerschaft sich verringert haben. Fallen diese Belastungen bis zur Entbindung aber so stark ins Gewicht im Vergleich zu den bevorstehenden Belastungen nach der Geburt? Man könnte auch darauf hinweisen, dass die Frau – unter Bedingungen straffreier Frühabtreibung – ja Zeit genug zur Verfügung hatte, um sich gegen den Embryo zu entscheiden. Doch auch dieser Gesichtspunkt ist nicht zwingend. Denn es gibt durchaus Fälle, in denen die Frau erst im Spätstadium ihrer Schwangerschaft aus einem leicht nachvollziehbaren Grund den Abbruch wünscht. Man denke etwa an den Fall, dass die Frau in diesem Stadium von dem Erzeuger ihres Embryos verlassen wird.

Eine mögliche Lösung der Problematik ist sicher die, die unserer derzeitigen Rechtswirklichkeit entspricht: Straffreiheit der Frühabtreibung und gleichzeitig Strafbarkeit der Spätabtreibung, sofern für diese nicht eine besondere Indikation vorliegt. Eine solche Indikation liegt dabei nach § 218a Strafgesetzbuch dann vor, »wenn der Abbruch der Schwangerschaft unter Berücksichtigung der gegenwärtigen und zukünftigen Lebensverhältnisse der Schwangeren nach ärztlicher Erkenntnis angezeigt ist, um eine Gefahr für das Leben oder die Gefahr einer schwerwiegenden Beeinträchtigung des körperlichen oder seelischen Gesundheitszustandes der Schwangeren abzuwenden, und die Gefahr nicht auf eine andere für sie zumutbare Weise abgewendet werden kann«.

Ob diese strafrechtliche Regelung, die natürlich in hohem Maße interpretationsbedürftig ist, die Interessenlage der Schwangeren im Fall der Spätabtreibung ausreichend berücksichtigt und insofern zum Schutz des ungeborenen Lebens legitim ist, soll hier auf sich beruhen bleiben. Man kann hierüber sicher trefflich streiten.

Ich kann mich persönlich des Eindrucks nicht erwehren, dass hinter dieser Regelung bei vielen ihrer Anhänger weniger das Konzept der *schlichten,* als vielmehr das Konzept der *qualifizierten* (mit einem Lebensrecht verbundenen) Schutzwürdigkeit des ungeborenen Lebens steht. Letztere ist aber, wie wir sahen, unbegründet. Und es spricht, wie ebenfalls schon ausgeführt, erst recht nichts dafür, die qualifizierte Schutzwürdigkeit irgendwann während der Schwangerschaft, also etwa mit der dreizehnten Schwangerschaftswoche, beginnen zu lassen.

Wir kommen nunmehr zu der Existenz des Embryos in vitro. Gibt es unter gewissen Umständen einen vernünftigen und hinreichenden Grund, das Leben dieses Embryos zu opfern? Bevor wir dieser Frage näher treten, müssen wir uns die folgenden Besonderheiten des Embryos in vitro vor Augen halten. Erstens geht die Existenz des Embryos in vitro nicht auf eine natürliche, sondern auf eine künstliche Befruchtung zurück. Und zweitens besteht (zumindest gegenwärtig und auf absehbare Zeit) keinerlei Möglichkeit, dass sich dieser Embryo auch in vitro zu einem Menschen entwickelt. Nur durch seine Einpflanzung in die Gebärmutter einer Frau besteht für einen gegenwärtigen Embryo in vitro diese Chance.

Warum kommt man überhaupt auf die Idee, einen Embryo in vitro zu erzeugen? Es gibt vor allem zwei Gründe, die seit einiger Zeit im Mittelpunkt des rechtsethischen Interesses stehen: 1. um einer Frau, die auf natürlichem Wege nicht schwanger werden kann oder nicht schwanger werden will, zu einem Kind zu verhelfen; 2. um den Embryo zu therapeutischer Forschung zu nutzen. Die derzeitige Rechtslage zu diesen Praktiken, wie sie in unserem geltenden Embryonenschutzgesetz zum Ausdruck kommt, ist sehr komplex.[16]

Ein in vitro erzeugter Embryo, der tatsächlich einer Frau eingepflanzt wird und dadurch zumindest eine gewisse Überlebenschance erhält, wird in seinem Überleben – den Umständen entsprechend – optimal geschützt. Denn in vitro hätte er, wie gesagt, keinerlei Überlebenschance. Insoweit entsteht hinsichtlich seines Schutzes also kein Problem. Trotzdem wird in diesem Zusammenhang ein bestimmtes Verfahren gegenwärtig lebhaft diskutiert, an dessen Zulässigkeit sich die Geister scheiden: die so genannte PID. Worum geht es hierbei?

Es ist heutzutage möglich, den Embryo in vitro auf gewisse genetische Eigenschaften hin zu untersuchen. Diese Möglichkeit ist Anlass zu der folgenden Überlegung geworden. Wenn Eltern mit gewissen Erbkrankheiten vermeiden möchten, dass auch ihr Kind entsprechend geschädigt sein wird, so könnten sie doch zweckmäßigerweise mehrere Embryonen in vitro erzeugen, genetisch testen und dann im Weg der Selektion nur jenen von ihnen durch eine Einpflanzung die Chance zur Weiterentwicklung hin zum Menschen geben, die den genetischen Test bestanden haben. Die Folge einer solchen Diagnostik vor der Implantation wäre allerdings, dass möglicherweise der eine oder andere Embryo den genetischen Test nicht besteht und daraufhin mangels Implantation zugrunde geht.

Die entscheidende Frage lautet hier: Ist es mit dem Lebensschutz, wie er jedem Embryo zusteht, vereinbar, einen Embryo in vitro, der genetische Schäden aufweist, zu töten? Das Interesse der ihre Schwangerschaft planenden Frau, diesen Embryo nicht zum Zuge kommen zu lassen, liegt auf der Hand. Sie möchte lieber einem gesunden als einem kranken oder behinderten Kind das Leben schenken. Dieses Interesse hat gewöhnlich sowohl eine egoistische als auch eine altruistische Komponente: Ein gesundes Kind ist nicht

16 Siehe dazu Hans-Georg Koch in: *Geburtshilfe und Frauenheilkunde* 60 (2000), S. 67ff.

nur für die Frau mit geringeren Belastungen verbunden; auch für das Kind selbst besteht die Wahrscheinlichkeit eines lohnenderen und erfüllteren Lebens. Dieses Interesse ist ohne Zweifel gewichtig und leicht nachvollziehbar; es wird, wie wir aus Umfragen wissen, von den allermeisten Frauen, die eine Schwangerschaft planen, durchaus geteilt.

Ein Gattungsinteresse an der Existenz des gefährdeten künftigen Menschen, das diesem Interesse der Frau im Wege stehen könnte, ist kaum auszumachen. Zum einen befindet der betroffene Embryo sich noch in den ersten Tagen seiner Existenz; und zum anderen wird statt dieses menschlichen Individuums mit gleicher Wahrscheinlichkeit einem anderen menschlichen Individuum – zudem mit besseren Aussichten – die Menschwerdung bevorstehen. Diese Argumentation wäre natürlich unzulässig, wenn das betroffene Individuum bereits ein Recht auf Leben hätte: Eine Tötung behinderter Menschen zugunsten anderer, nichtbehinderter Menschen kann nicht in Betracht kommen (vgl. schon S. 28).

Ein Schutzinteresse aber dem betroffenen Embryo gegenüber dürfte in unserer Gesellschaft überhaupt nicht vorhanden sein. Das wird deutlich, wenn wir uns den allgemein akzeptierten Umgang mit dem Embryo in vivo entsprechenden Alters, also dem Embryo im Mutterleib vor seiner Einnistung, vor Augen führen. Wenn eine Frau ihren natürlich gezeugten Embryo dadurch vernichtet, dass sie seine Einnistung durch ein mechanisches oder chemisches Mittel (wie die »Pille danach«) verhindert, so wird ihr Verhalten nach unserem geltenden Recht wie eine Form der Empfängnisverhütung behandelt und ist als solche nicht nur straffrei, sondern in vollem Umfang auch rechtmäßig (§ 218 Strafgesetzbuch). Es gibt also keinerlei Schutz des Embryos in vivo vor seiner Einnistung.

Im gleichen Entwicklungsstadium aber ausgerechnet den Embryo in vitro davor zu schützen, dass er nach einem Test getötet werden kann, müsste, sofern man nur den Embryo selbst im Auge hat, als völlig ungereimt erscheinen. Im Grunde sind es denn auch ganz andere Gesichtspunkte als der Schutz des Embryos, die derzeit in unserer Gesellschaft viele Meinungsführer dazu bewegen, sich für die Strafbarkeit der PID auszusprechen. Da ist zum einen die Forderung, dass jede Form von »Menschenzüchtung« zu verbieten sei. Und da ist zum anderen die Behauptung, dass eine Eliminierung genetisch geschädigter Embryonen das Verbot der Diskriminierung von Behinderten verletze. Wir wollen diese beiden Gesichtspunkte nun auf ihre Stichhaltigkeit hin untersuchen.

Man dürfe, so wird häufig – nicht nur von theologischer Seite – vorgebracht, aus prinzipiellen Gründen keine Menschen »züchten« und damit »in die Schöpfung eingreifen«. Der Mensch »auf Probe«, der Mensch »nach Maß«, der Mensch »von der Stange« müsse ein Tabu bleiben. Ist eine derartige Begründung für das Verbot der PID rational nachvollziehbar? Zunächst einmal: Die Behauptung, man dürfe nicht »in die Schöpfung eingreifen«, ist ein bloßes Schlagwort, das in anderen Kontexten niemand ernst nimmt. Versuchen wir nicht seit Jahrhunderten (zum Teil erfolgreich), sämtliche in der Natur angelegten Krankheiten zu bekämpfen, ja möglichst auszurotten? Wird nicht zum Beispiel ganz massiv »in die Schöpfung eingegriffen«, wenn etwa Wissenschaftler daran arbeiten, jene Mückenarten, die durch die Übertragung von Malaria etwa einer Million Menschen auf der Erde jährlich den Tod bringen, gentechnisch zu verändern?

Was aber die Zulässigkeit speziell der »Menschenzüchtung« im Wege einer Embryonenselektion angeht, so ist hier eine wichtige Unterscheidung zu treffen. 1. Man selektiert Embryonen für die Implantation, nachdem man sie zuvor auf bestimmte genetische Eigenschaften hin mit Erfolg *getestet* hat. 2. Man selektiert Embryonen für die Implantation, nachdem man sie zuvor mit Erfolg in eine bestimmte Richtung genetisch *manipuliert* hat. (Inwieweit dies derzeit oder in Zukunft technisch möglich ist, mag hier offen bleiben.) Die Selektion auf Manipulationsbasis geht offenbar erheblich weiter als die Selektion auf Testbasis: Eine Manipulation setzt sinnvollerweise einen Test voraus, aber nicht umgekehrt. Durch Praktik 2 kann man die in der Natur vorgefundenen Anlagen verändern; durch Praktik 1 kann man lediglich unter den in der Natur vorgefundenen Anlagen eine gezielte Auswahl treffen und damit einer reinen Zufallsauswahl zuvorkommen.

Praktik 2 der Selektion auf Manipulationsbasis muss schon deshalb verboten sein, weil nicht auszuschließen ist, dass sie de facto, wenngleich nicht intendiert, bei dem Embryo Schäden hervorruft, die den späteren Menschen in seinem Überlebens- und Gesundheitsinteresse massiv verletzen können (vgl. oben S. 75). Eben dieser Gesichtspunkt spricht im Übrigen auch entscheidend gegen die Zulassung des so genannten »reproduktiven Klonens« von Menschen, das die Gefahr birgt, zur Entstehung missgebildeter Versuchsmenschen zu führen.

Bei der PID jedoch geht es ausschließlich um Praktik 1. Ich vermag beim besten Willen nicht zu sehen, was daran verbotswürdig sein soll, in die Zufallsauswahl der Natur zugunsten einer der sich präsentierenden Alternativen im Interesse des Menschen korrigierend einzugreifen. Es erscheint mir auch unbegründet, einen solchen Eingriff, wie bisweilen vorgeschlagen, nur dann zuzulassen, wenn bei den Eltern des Embryos ganz bestimmte genetische Risikofaktoren vorliegen. Warum soll es den Eltern vom Staat verboten werden, die Auswahl unter ihren verschiedenen Embryonen, soweit möglich, nach jeder beliebigen genetischen Ausstattung, die sie wünschen, vorzunehmen? Man kann sich – gleichsam eine Stufe früher im Prozess der Nachwuchsplanung – seinen Zeugungspartner, wenn man dies will, ja auch danach aussuchen, ob sich in dessen Familie eine bestimmte ausgeprägte Veranlagung (beispielsweise zu sportlichen Höchstleistungen) findet.

Und wie steht es denn mit einer Selektion in einem Stadium *nach* der Implantation bzw. Einnistung, nämlich einer Selektion im Weg der Abtreibung? Mit Recht ist in unserer Gesellschaft jedenfalls die Frühabtreibung, wie wir sahen, ohne jede Indikation strafrechtlich freigegeben. Jede Frau kann aus jedem beliebigen Grund eine solche Abtreibung bei sich vornehmen bzw. vornehmen lassen. Wer aus jedem beliebigen Grund abtreiben kann, der kann aber – das ist die zwingende Folgerung – eben auch zum Zweck jeder beliebigen von ihm gewünschten Selektion abtreiben! Mit anderen Worten: Jede Frau kann, soweit technisch möglich, im Weg der Pränataldiagnostik die genetische Ausstattung ihres Embryos testen lassen und sich je nach Ausgang dieses Tests für oder gegen die Existenz ihres Embryos entscheiden.

Nun wird man vielleicht sagen, dass eine Abtreibung zum Zweck der Selektion nur selten von Frauen gewünscht werden wird – außer im Fall einer genetischen Schädigung des Embryos. Das mag zutreffen. Gleiches dürfte aber auf die PID zum Zweck der Selektion zutreffen. Man muss in diesem Zusammenhang nämlich bedenken, dass die jeder Befruchtung in vitro notwendig vorausgehende Prozedur zur Gewinnung unbefruchteter Eizellen für die Frau durchaus mit Belastungen verbunden ist, die den Belastungen einer Schwangerschaft auf Probe nicht unbedingt nachstehen. Nach alledem erscheint es völlig unbegründet, eine Selektion in vitro strafrechtlich zu verbieten, die in vivo, also in einem deutlich späteren Stadium der Entwicklung des Embryos, in vollem Umfang zugelassen wird.

Als ziemlich konstruiert erscheint in diesem Zusammenhang aber auch die Befürchtung, die Folge einer zulässigen Selektion des

Embryos werde der Einheitsmensch, der Mensch »von der Stange« sein. Selbst wenn man einmal voraussetzt, dass alle möglichen genetischen Eigenschaften des Embryos bereits im Pränatalstadium getestet werden können (was wohl nie der Fall sein wird): Die freie Möglichkeit einer privaten Selektion auf Wunsch der Eltern bzw. der Mutter ist eine Sache; eine staatlich angeordnete Zwangsselektion nach vorgegebenen Kriterien ist eine ganz andere Sache. Dass eine Zwangsselektion in einem freiheitlichen Staat nicht in Betracht kommt, bedarf keiner näheren Begründung. Dass eine private Selektion jedoch zu einem »Einheitsmenschen« führen würde, ist schon deshalb äußerst unwahrscheinlich, weil die Menschen sich in den Idealvorstellungen von ihrem Nachwuchs sicherlich nicht weniger unterscheiden als in ihren Präferenzen etwa für ihre Freunde oder ihre Hobbys.

Nicht geleugnet werden kann, dass die meisten Eltern sich, wie schon gesagt, Kinder wünschen, die nicht in dem Sinn offenkundige Defekte aufweisen, dass sie krank oder behindert sind. Führt dieser Wunsch nun aber nicht, wenn er im Wege einer Selektion von Embryonen realisiert wird, unvermeidlich zu einer unzulässigen Diskriminierung insbesondere von Behinderten? Dies wird zwar oft behauptet, ist aber unzutreffend.

Mit Recht verbietet unsere Verfassung (Artikel 3 Grundgesetz) jede Diskriminierung von Behinderten. Diese Vorschrift bezieht sich aber nur auf behinderte *Menschen,* denen, wie allen Menschen, die verfassungsmäßigen Grundrechte – wie das Menschenrecht auf Leben – zustehen. Sie bezieht sich keineswegs auf behinderte bzw. geschädigte Embryonen! Dies folgt jedenfalls zwingend aus der hier vertretenen Auffassung zum Existenzbeginn des »Menschen« im Sinne der Verfassung sowie auch aus unserer Rechtswirklichkeit in der Abtreibungsfrage. Es wäre in der Tat absurd, die Meinung zu vertreten, dass zwar jeder beliebige nichtgeschädigte Embryo abgetrieben werden darf, jeder geschädigte Embryo sich jedoch um jeden Preis – selbst gegen den Willen seiner Eltern – zu einem Menschen entwickeln muss.

Das Diskriminierungsargument wird deshalb häufig, besonders von Behindertenverbänden, in einer zweiten Version vertreten. Eine Selektion geschädigter Embryonen, so wird gesagt, werde jedenfalls auf indirektem Weg auch zu einer Diskriminierung von geborenen menschlichen Individuen mit einer Behinderung führen. Es sei nämlich zu befürchten, dass man in Zukunft jedem Behinderten mit der Einstellung »Du hättest als Embryo getötet werden sollen« begegnen wird. Diese Unterstellung aber ist aus verschiedenen Gründen alles andere als einleuchtend.

Erstens folgt aus der hier vertretenen Position nicht, dass *irgendein* Individuum als Embryo hätte getötet werden sollen, sondern, wie oben schon verdeutlicht, bloß, dass es hätte getötet werden *dürfen*. Diesen Unterschied kann auch der Normalbürger durchaus verstehen und würdigen. Nehmen wir einmal an, eine Frau muss regelmäßig ein bestimmtes Medikament einnehmen. Dieses Medikament aber hat die Nebenwirkung, dass es den Embryo, der gezeugt wird, während die Frau unter dem Einfluss des Medikaments steht, dauerhaft schädigt. Der Anhänger des Diskriminierungsarguments müsste, wenn er konsequent ist, nun auch dieser Frau verbieten wollen, dass sie – zum Zweck der Zeugung eines unbehinderten Kindes – das Medikament vorübergehend absetzt! Soll dies etwa ein legitimer Weg sein, einer durch pränatale Selektion (tatsächlich oder angeblich) drohenden Diskriminierung Behinderter wirksam vorzubeugen?

Zweitens aber ist überhaupt nur ein sehr geringer Prozentsatz aller in unserer Gesellschaft manifesten Behinderungen genetischen Ursprungs. Man kann aus der bloßen Tatsache einer Behinderung also gar nicht auf eine genetische Ursache schließen. Weitere Ursachen sind zum Beispiel Komplikationen bei der Geburt oder frühkindliche Erkrankungen. Einem auch nur halbwegs rationalen Bürger gegenüber dürfte zur Bekräftigung des Diskriminierungsverbots von Behinderten der Hinweis auf die auch ihm durch einen Verkehrsunfall jederzeit drohende mögliche Behinderung weit effektiver sein als jedes Verbot der pränatalen Selektion.

Wenn Behindertenverbände vielleicht ein Interesse daran haben, dass die Zahl der Behinderten – und mit ihr der eigene Einfluss – nicht sinkt, sondern steigt, so sollte man einem solchen Interesse im Namen der Humanität in aller Deutlichkeit entgegentreten. Wie man gegenwärtigen Menschen hilft, indem man ihre Krankheiten, Behinderungen und sonstigen Defekte so weit wie möglich beseitigt oder mindert, so hilft man zukünftigen Menschen, indem man sich, wenn möglich, für solche Individuen entscheidet, die ohne derartige Defekte das Licht der Welt erblicken.

Hieraus jedoch etwa zu folgern, der *Verzicht* auf die Selektion eines geschädigten zugunsten eines gesunden Embryos wäre – analog der oben (S. 75) erörterten vorgeburtlichen Schädigung – gleichbedeutend mit einer *Rechtsverletzung* des späteren Menschen, wäre ein Fehlschluss. Durch einen Selektionsverzicht wird nämlich das konkrete Individuum I, das zur Welt kommt, normalerweise keineswegs in seinen späteren Interessen und Rechten als Mensch verletzt. Denn im Fall der Selektion wäre *dieses* Individuum I ja *überhaupt nicht* Mensch geworden, und die Möglichkeit, dass *dieses* Individuum I ohne Behinderung hätte Mensch werden können, gab es nicht! Auch ein Leben mit Behinderung ist, wie wir wissen, in aller Regel für seinen Träger ein lohnendes und lebenswertes Leben. Nach alledem ist auch unter dem Gesichtspunkt einer Rechtsverletzung ein staatlicher Zwang zur Selektion nicht angebracht. Dass eine vorgeburtliche Selektion legitim ist und auch in mancher Hinsicht wünschenswert, heißt nicht, dass sie der Schwangeren vorgeschrieben werden darf.

So viel zur Zulässigkeit der PID. Ein weiterer Grund, aus dem man derzeit in Erwägung zieht, Embryonen in vitro zu erzeugen, ohne sie anschließend einer Frau einzupflanzen, ist der einer Forschung an Embryonen zu therapeutischen Zwecken (Embryonenforschung). In diesen Bereich gehört auch das so genannte »therapeutische Klonen«. Da für die betroffenen Embryonen keine Chance besteht, dass sie am Leben bleiben, spricht man insoweit auch von einer »verbrauchenden« Embryonenforschung.

Auch die Embryonenforschung ist rechtsethisch stark umstritten. Was hier dem Lebensschutz des Embryos entgegensteht, ist nicht das unmittelbare Interesse eines Menschen an einem gesunden Kind, sondern das mittelbare Interesse vieler Menschen an der Heilung schwerer Krankheiten. Die Beurteilung der Embryonenforschung ist trotzdem weniger komplex als die der PID, weil es hier auf der einen Seite der zu treffenden Abwägung allein um den Embryo geht.

Forschungen, auch solche zu therapeutischen Zwecken, sind stets auf Hoffnungen gegründet, nicht auf Sicherheiten. Insofern ist es eine offene Frage, ob die zur Debatte stehende Embryonenforschung tatsächlich zur Heilung von Krankheiten wie Alzheimer, Diabetes und Parkinson beitragen wird. Führende Wissenschaftler halten dies jedoch für durchaus nicht unwahrscheinlich. Deshalb kann man gewiss nicht davon sprechen, dass hier Embryonen willkürlich oder mutwillig vernichtet werden. Was auf der anderen Seite die Schutzwürdigkeit des Embryos angeht, so ist daran zu erinnern, dass er sich im allerfrühesten Stadium seiner Entwicklung befindet und sich in vitro ohnehin nur ein paar Wochen lang zur Forschung nutzen lässt. Insoweit sei deshalb, was das Gewicht der Schutzwürdigkeit angeht, im Wesentlichen auf die obigen Ausführungen (S. 89 f.) verwiesen.

Zwar gibt es für den Embryo als Gegenstand der Forschung – anders als für den Embryo als Gegenstand der PID – gar keine Chance der Entwicklung zu einem späteren Menschen. Andererseits wäre der Embryo als Gegenstand der Forschung in der Regel gar nicht erzeugt worden, wenn nicht zu eben diesem Zweck. Insofern kann man hier mit Recht sagen (was oft auch gesagt wird), dass er zu diesem Zweck »instrumentalisiert« wird. Doch nicht jede Instrumentalisierung ist, wie wir schon in Kapitel 1 (S. 12ff.) sahen, automatisch illegitim. Ja, man mag sich fragen, warum eine Instrumentalisierung als solche überhaupt von Gewicht sein soll, sofern das instrumentalisierte Lebewesen noch keinerlei Bewusstsein oder Empfindungsfähigkeit besitzt.

Man betrachte in diesem Fall einmal die schon erwähnte Anwendung nidationshemmender Mittel seitens einer schwangeren Frau. Wird hier nicht auch bereits der Embryo durch seine Zeugung möglicherweise in gewissem Sinn »instrumentalisiert«? Zwar kann man der Frau nicht unterstellen, dass sie den Embryo hier zeugt zum Zweck eines späteren Gebrauchs – etwa zum Zweck seiner anschließenden Tötung. Gleichwohl nimmt sie in vielen Fällen die Zeugung (und anschließende Tötung) des Embryos allein zum Zweck ihrer sexuellen Befriedigung bewusst in Kauf. Wer etwa auf Reisen geht und dabei in Kauf nimmt, dass zu Hause sein Kleinkind verhungert, instrumentalisiert dieses ebenso, wie wenn er es vor Reiseantritt gezielt umbringen würde.

Nach alledem drängt sich für mich im Fall der Embryonenforschung nicht anders als im Fall der PID das Ergebnis auf, dass es für ein strafrechtliches Verbot dieser Praktik, sofern die Eltern des Embryos ihr zustimmen, keine hinreichende Begründung gibt. Für den Fall, dass es eines Tages technisch möglich ist, solche Forschung auch in einem fortgeschritteneren Entwicklungsstadium des Embryos in vitro durchzuführen, spricht sicher vieles dafür, ein zeitliches Limit festzusetzen. Man könnte etwa daran denken, hierfür den spätestmöglichen Zeitpunkt zu wählen, *vor* dem der Embryo mit absoluter Sicherheit noch keinerlei Bewusstsein oder Empfindungsfähigkeit – und damit auch keinerlei Interessen welcher Art auch immer – haben kann.

Die sehr kontrovers geführte öffentliche Diskussion um die Zulässigkeit von PID und Embryonenforschung krankt häufig daran, dass die Kontrahenten ihre Prämissen nicht hinreichend offen legen – geschweige denn begründen. So reden sie etwa von der Schutzwürdigkeit des Embryos und meinen sein Lebensrecht – und umgekehrt. Ähnlich wie in der Abtreibungsfrage glaubt man, die richtigen Antworten schon vor jeder Begründung auf dem Weg der Intuition zu kennen, und schiebt im Bedarfsfall irgendwelche populären Schlagworte wie den Begriff der »Menschenwürde« (auf der einen Seite die des Embryos – auf der anderen Seite die der übrigen direkt oder indirekt Betroffenen) nach.

Durch bloße »Intuitionen« kann man die hier thematisierten Fragen des vorgeburtlichen Lebensschutzes ganz gewiss nicht lösen. Abwägungen jedoch zwischen verschiedenen Interessen sind oft schwierig und auch nicht frei von einem subjektiven Element. Nur derjenige, der sich unzweideutig auf das *Lebensrecht* des Embryos beruft, hat es anschließend im Grund sehr einfach. Was das Abtreibungsproblem angeht, so haben wir dies in Kapitel 3 ja im Detail gesehen. Was aber die beiden strittigen Praktiken im Umgang mit dem Embryo in vitro angeht, so sollte ein Blick auf den auf Seite 26f. erörterten Fall 1 ausreichen, um zu zeigen, dass man auch in der Beurteilung dieser Praktiken der Vernichtung eines Embryos unter der Prämisse seines *qualifizierten,* mit dem Lebensrecht identischen Lebensschutzes nur zu einem einzigen Ergebnis kommen kann: Sie müssen als illegitim und verbotswürdig angesehen werden.

Was bleibt nun aber von dem am Anfang dieses Kapitels geforderten *schlichten* Lebensschutz des Embryos noch übrig? Was den Einsatz strafrechtlicher Verbote und Sanktionen angeht, jedenfalls sehr wenig. Es wäre jedoch eine verkürzte Sichtweise der Möglichkeiten, die der Rechtsordnung und der Sozialmoral einer Gesellschaft zur Verfügung stehen, zum Zweck der Förderung des Lebensschutzes nur an strafrechtliche Verbotsnormen zu denken. So fördert man den Lebensschutz des Embryos in vivo etwa durch Schwangerenberatung sowie die finanzielle Unterstützung von Schwangeren und Eltern; und dem Lebensschutz des Embryos in vitro dient man dadurch, dass man die betreffenden Praktiken nur seriösen Fachleuten anvertraut und öffentlich überwacht. Diese und ähnliche Maßnahmen zum Zweck des Lebensschutzes von Embryonen sind jedoch, so wichtig sie in der sozialen Realität auch sein mögen, nicht Thema dieser Untersuchung.

# Schlussbemerkung

Es besteht kein Zweifel: Nicht nur die gewöhnliche Abtreibung, sondern ebenso die Praktiken der PID und der Embryonenforschung verstoßen gegen das Lebensrecht des Embryos – falls ihm dieses Menschenrecht auf Leben bereits zusteht. Wenn man hiervon ausgeht, müssen diese Handlungen ohne Unterschied, wie der Vatikan mehrfach zu Recht betont hat, in ihrer prinzipiellen Strafwürdigkeit auf eine Stufe mit dem »Kindesmord« gestellt werden.

Jeder, der zu diesen Handlungen ethisch Stellung nehmen will, hat bei realistischer Betrachtung nur die folgende Alternative. Entweder er vertritt die Position des Lebensrechtes von der Befruchtung an; dann folgen ohne weiteres die genannten Konsequenzen. Allerdings muss er sich dann der Aufgabe stellen, seine Position zum Lebensrecht als solche zu begründen. Oder er vertritt die Position des Lebensrechtes erst von der Geburt an. Dann ist er mit zwei Aufgaben gleichermaßen konfrontiert. Erstens muss er ebenfalls seine Position zum Lebensrecht begründen; und zweitens muss er die Zulässigkeit der genannten Handlungen im Blick auf die dem Embryo auch ohne Lebensrecht zukommende Schutzwürdigkeit unter Abwägung der jeweils betroffenen Interessen prüfen. Dass auch unter dieser Voraussetzung die oben genannten Handlungen sich ohne Unterschied und ohne Einschränkung als strafwürdig erweisen lassen, ist dabei äußerst unwahrscheinlich.

So oder so ist daher die Frage nach dem Beginn des Lebensrechtes nicht nur eine akademische Frage, sondern gerade in praktischer Hinsicht von zentraler Bedeutung. Es zeugt von Unredlichkeit oder Oberflächlichkeit, dieser Frage auszuweichen, sie zu verwischen oder sie von Fall zu Fall je nach gewünschtem Ergebnis unterschiedlich zu beantworten.

Natürlich zählt für die Funktion einer Rechtsnorm, etwa des Strafrechts, in der Praxis allein ihr Inhalt und nicht ihre Begründung. Und die Inhalte von Rechtsnormen beruhen häufig auf politischen Kompromissen. Es ist jedoch nicht Aufgabe des Rechtsphilosophen oder Ethikers, in seinen Argumenten solche Kompromisse vorwegzunehmen oder anzupeilen; dies tun die Politiker schon von sich aus. Und es ist auch nicht seine Aufgabe, Überlegungen zu präsentieren, die möglichst vielen Lesern bei flüchtiger Lektüre einleuchten; dies tun schon die Journalisten. Sein Ziel ist ganz allein die individuelle Meinungsbildung eines

Lesers, der die Fähigkeit und die Bereitschaft hat, sich mit den grundlegenden Aspekten moralischer und rechtlicher Probleme intensiv und ernsthaft zu befassen.

# Literaturhinweise


Dworkin, Ronald: *Die Grenzen des Lebens,* Reinbek 1994.

Eser, Albin: *Neuartige Bedrohungen ungeborenen Lebens,* Heidelberg 1990.

Gemeinsame Erklärung des Rates der Evangelischen Kirche in Deutschland und der Deutschen Bischofskonferenz: *Gott ist ein Freund des Lebens,* Gütersloh 1989.

Gerhardt, Volker: *Der Mensch wird geboren,* München 2001.

Geyer, Christian (Hrsg.): *Biopolitik,* Frankfurt a.M. 2001.

Habermas, Jürgen: *Die Zukunft der menschlichen Natur,* Frankfurt a.M. 2001.

Harris, John: *Der Wert des Lebens,* Berlin 1995.

Höffe, Otfried: *Medizin ohne Ethik?,* Frankfurt a.M. 2002.

Hoerster, Norbert: *Was ist Recht?,* München 2006.

IMABE (Hrsg.): *Der Status des Embryos,* Wien 1989.

Kaminsky, Carmen: *Embryonen, Ethik und Verantwortung,* Tübingen 1998.

Leist, Anton (Hrsg.): *Um Leben und Tod,* Frankfurt a.M. 1990.

Lenzen, Wolfgang: *Liebe, Leben, Tod,* Stuttgart 1999.

Rhonheimer, Martin: *Absolute Herrschaft der Geborenen?,* Wien 1995.